Wolfgang Lux · Peter Schön
Outsourcing der Datenverarbeitung

Springer-Verlag Berlin Heidelberg GmbH

Wolfgang Lux · Peter Schön

Outsourcing der Datenverarbeitung

Von der Idee zur Umsetzung

Mit 20 Abbildungen

 Springer

Dipl.-Math. Wolfgang Lux
VEBA AG, Düsseldorf
Gut Clef 22
40699 Erkrath

Dipl.-Inform. Peter Schön
IBM Deutschland
Dechaneystr. 38
65385 Rüdesheim

ISBN 978-3-642-63899-2

Lux, Wolfgang:
Outsourcing der Datenverarbeitung : von der Idee zur
Umsetzung / Wolfgang Lux ; Peter Schön. - Berlin ; Heidelberg ;
New York ; Barcelona ; Budapest ; Hongkong ; London ;
Mailand ; Paris ; Santa Clara ; Singapur ; Tokio : Springer 1997
  ISBN 978-3-642-63899-2   ISBN 978-3-642-59211-9 (eBook)
  DOI 10.1007/978-3-642-59211-9
NE: Schön, Peter:

Produktion: PRODUserv Springer Produktions-Gesellschaft
Einbandentwurf: Künkel & Lopka, Ilvesheim
Satz: Camera ready Vorlage durch Autoren
SPIN: 10543107   7/3020 - 5 4 3 2 1 0 - Gedruckt auf säurefreiem Papier

Für
Petra, Annina und Franziska
sowie
Gudula, Lea und Luca.

Vorwort

Das Auslagern der Elektronischen Datanverarbeitung mit ihren für Unternehmen häufig überlebenswichtigen Daten und Abläufen stellt einen in sehr starkem Wachstum befindlichen Markt dar.

Das vorliegende Buch gibt einen detaillierten Einblick in viele Fragestellungen, die bei diesem Outsourcing auftreten können. Dabei wird nicht nur auf die technischen, betriebswirtschaftlichen und juristischen Belange eingegangen, sondern es werden auch Aspekte der Personal- und Informationspolitik behandelt, die letztendlich ganz wesentlich über Erfolg und Mißerfolg eines solchen Projekts entscheiden.

Ganz nach diesem Motto liegt der Anspruch der beiden Autoren auch weniger in der abstrakten Betrachtung dieses Themas, als vielmehr darin, den Lesern die unterschiedlichen Phasen eines Outsourcingprojekts näherzubringen und konkrete Lösungsansätze für die darin auftretenden Problemstellungen zu geben.

Ein Ausblick auf die weitere Entwicklung des Outsourcingmarkts sowie eine Analyse über die Gründe, warum Unternehmen "outsourcen", ergänzen dabei den ansonsten praktischen Ansatz dieses Buchs.

Die Dokumentation ist gleichermaßen für Servicenehmer wie potentielle Servicegeber lesenswert, weil sie Erfahrungswerte der Autoren mit zusätzlichen Anregungen verbindet sowie die Zukunft eines der wichtigsten Märkte der Informationstechnologie realistisch und kompetent beschreibt.

Ehningen, im Juli 1996   Jürgen Schröder
                          IBM Deutschland Informationssysteme GmbH
                          Geschäftsbereich Systeme und Netze

Inhaltsverzeichnis

1 Historische Entwicklung des Outsourcing

Outsourcing ist in verschiedenen Wirtschaftszweigen wie Catering, Gebäudereinigungen etc. bereits seit langer Zeit ein bekanntes und akzeptiertes geschäftspolitisches Mittel zur Reduzierung der Kosten bzw. zur Beschränkung auf wesentliche Geschäftsbereiche.

Die ersten Anzeichen für ein Outsourcing im Bereich der Datenverarbeitung finden sich bereits in den sechziger Jahren. Nachdem der Einsatz und die Notwendigkeit der Elektronischen Datenverarbeitung in vielen Unternehmen deutlich wuchs, gestaltete es sich für kleinere und mittlere Firmen zusehends schwieriger und unwirtschaftlicher, ein eigenes Rechenzentrum zu betreiben.

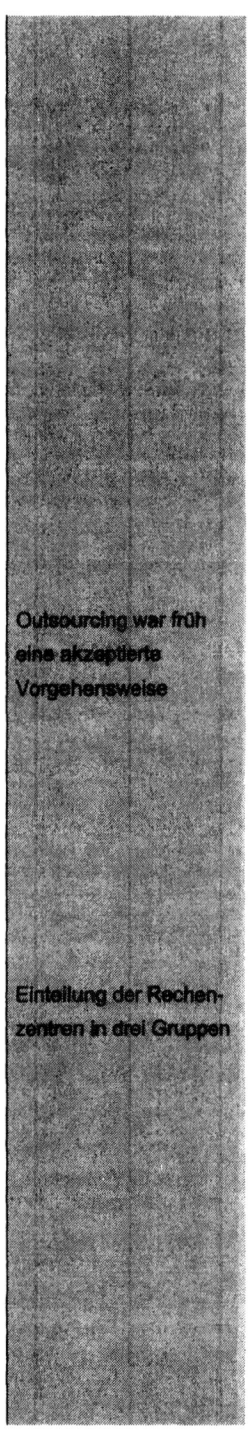

Outsourcing war früh eine akzeptierte Vorgehensweise

Die Folge war, daß sich freie Rechenzentren gründeten, welche die Verarbeitung von Massendaten für Dritte, z.B. im Buchhaltungs- und Personalbereich übernahmen. Die Einteilung dieser Rechenzentren kann in drei Gruppen vorgenommen werden:

Einteilung der Rechenzentren in drei Gruppen

Herstellerunabhängige Rechenzentren
Wirtschaftlich selbständige Unternehmen, die unabhängig waren von Hardware und Software.

Herstellerabhängige Rechenzentren
Dienstleistungsbetriebe, welche häufig die Hardware des eigenen Hauses anboten, wie z.B. IBM, Siemens.

Gemeinschafts-Rechenzentren
Zusammenschluß mehrerer Unternehmen der gleichen Branche zum gemeinsamen Betreiben eines Rechenzentrums. Diese Gruppe kann ebenso innerhalb der beiden erstgenannten gesehen werden. Ein Beispiel hierfür sind die genossenschaftlichen Rechenzentralen.

Stand der Benutzer in dieser Zeit mehr im Hintergrund und spielte eine passive Rolle, wurden seine Bedürfnisse und Wünsche in den siebziger Jahren wesentlich mehr berücksichtigt. Besonders die Einführung des Terminals als Kommunikationsinstrument involvierten ihn ganz wesentlich in die Abläufe und die Entwicklung der Datenverarbeitungsanwendungen.

Das Monopol "Zentrales Rechenzentrum" wurde somit mehr und mehr aufgeweicht, und der Betrieb dezentralisiert. Immer mehr Fachfunktionen wurden in die Prozesse einbezogen. Das traditionelle Rechenzentrum wandelte sich in einen Servicebetrieb mit zahlreichen Schnittstellen.

In den achtziger Jahren wurden Hard- und Software spürbar kostengünstiger angeboten. Die Folge war, daß sich der zuvor eingeschlagene Trend der Auslagerung von Rechnerleistung wieder umkehrte. Aufgrund der inzwischen eingesetzten Vielfalt von Hard- und Software traten neue Probleme innerhalb der Datenverarbeitungsfunktionen auf:

- Sehr hoher Wartungsaufwand für Software
- Mangelnde Kompatibilität Hard- und Software
- Verlust an Übersicht über Komplexität und Kosten

Einige Unternehmen spezialisierten sich daraufhin und boten ihre Datenverarbeitung auf dem Markt an. Dies ging soweit, daß in den neunziger Jahren wesentliche Teile oder auch die gesamte Datenverarbeitung außerhalb des Stammunternehmens angesiedelt wurde.

In manchen Fällen wurde die Verantwortung völlig verlagert. Klassische Beispiele hierfür sind:

- EDS für General Motors,
- debis Systemhaus für Daimler Benz.

Diese nicht nur operative sondern auch strategische Auslagerung der Datenverarbeitung ist gewissermassen als die Geburtsstunde des heutigen EDV-Outsourcing zu verstehen.

2 Definition des Outsourcing

Wie in vielen anderen Bereichen, die relativ neu etabliert sind, herrscht auch im Outsourcing-Bereich eine große Begriffsverwirrung. So ist nicht einmal der Begriff "Outsourcing" eindeutig definiert. Ein Definitionsversuch an dieser Stelle kann somit auch keinen Anspruch auf Allgemeingültigkeit haben:

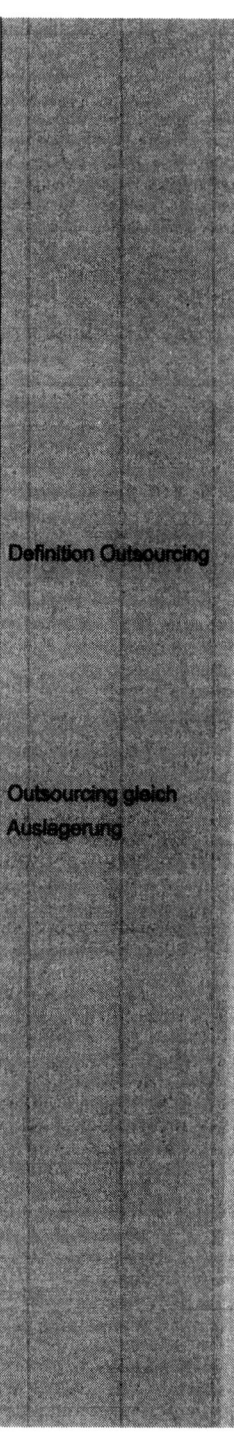

"DV-Outsourcing ist die teilweise oder vollständige Auslagerung der betrieblichen Informationsverarbeitung inkl. sämtlicher Planungs-, Steuerungs- und Kontrollfunktionen an ein Dienstleistungsunternehmen."

Definition Outsourcing

Wie so manche revolutionäre Ideen stammt die des Outsourcing aus den Vereinigten Staaten. Allgemein kann man es mit "Auslagerung" übersetzen; im speziellen mit "Auslagerung von betrieblichen Datenverarbeitungsfunktionen". Die Verwirrung und Vielfalt ist jedoch nicht nur auf den Begriff des Outsourcing beschränkt. Jeder Outsourcing-Anbieter verwendet außerdem noch seine eigene Terminologie für einzelne Funktionen, wie z.B. Professional Services, System Integration, Facility Management, Facility Services. Es ist wichtig, einheitliche Definitionen und eine gemeinsame Terminologie für den gesamten Bereich des Outsourcing zu vereinbaren. Von Beginn an muß der potentielle Servicenehmer wissen was z.B. mit den einzelnen Outsourcing-Formen genau gemeint ist. Es ist ein ganz wesentlicher Unterschied ob im Rahmen eines Outsourcing von einem gemeinsamen Joint-Venture-Unternehmen die Rede ist oder ob lediglich über das Auslagern der Datenverarbeitung im Rahmen der Übernahme von Serviceverantwortung gesprochen wird.

Outsourcing gleich Auslagerung

3 Formen des Outsourcing

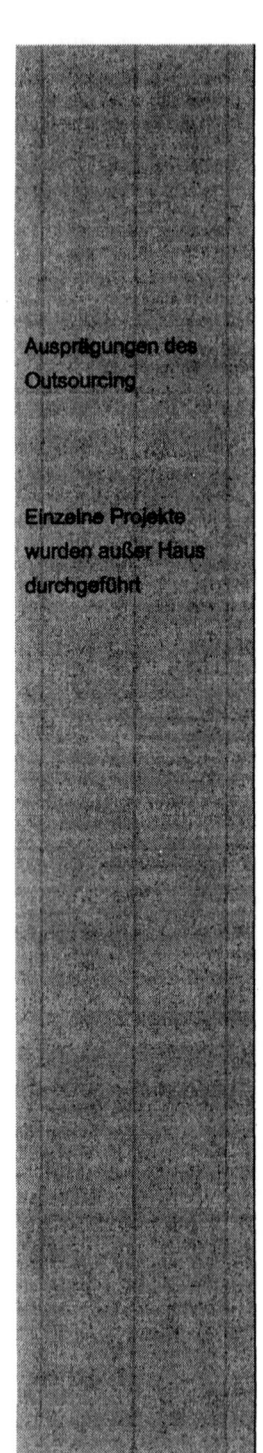

Ausprägungen des Outsourcing

Einzelne Projekte wurden außer Haus durchgeführt

Die unterschiedlichen Ausprägungen des Outsourcing können in drei Gruppen zusammengefaßt werden, wobei sie sich insbesondere durch die Intensität des Auslagerns unterscheiden (Abb. 3.1).

Professional Service

Diese bereits sehr früh praktizierte Form des Auslagerns beinhaltet im Prinzip lediglich, daß bestimmte EDV-Projekte außer Haus durchgeführt werden. Es sind dies die klassischen EDV-Dienstleistungen wie:

- EDV-Beratung
- Systementwicklung
- Systemdesign
- Installation
- Software-Entwicklung
- Programmierung
- Schulung

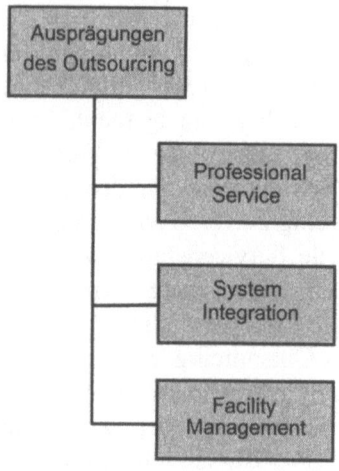

Abb. 3.1 Ausprägungen des Outsourcing

Als Merkmale des Professional Service gelten:

- Keinerlei finanzielle Verantwortung des Leistungs-
  erbringers
- Lösungsverantwortung des Leistungserbringers
- Kurz- bis mittelfristige Einzelverträge

System Integration

Diese Form des Outsourcing stellt eine Erweiterung des bereits beschriebenen dar. Sie basiert auf der Bereitstellung von komplexen Lösungen unter Einsatz von:

Bereitstellung komplexer Lösungen

- Hardware
- Software
- Netzwerk
- Professional Service

Es muß nicht immer der gesamte EDV-Bereich ausgelagert werden, sondern es können auch nur einzelne Teilbereiche oder Funktionen betroffen sein. Die wesentlichen Bereiche sind:

- Benutzerunterstützung
- Desktop Management
- Netzinfrastruktur
- Netzbetrieb
- Katastrophenvorsorge
- Großsystemanwendungen

Während Outsourcing von Netzaktivitäten und Katastrophenvorsorge traditionell schon länger praktiziert werden, ist das Auslagern der Benutzerunterstützung relativ neu, aber im Markt derzeit sehr erfolgreich. Viele Kunden lagern auch ihre "alten" Großsystemanwendungen aus, um sich ganz auf den strategisch geplanten Umstieg auf Client-Server-Strukturen zu konzentrieren.

Outsourcing von Benutzerunterstützung sehr erfolgreich

Facility Management

Beim Facility Management übernimmt der Outsourcing-Anbieter als Servicegeber die Verantwortung für Teilbereiche oder für die gesamte Informationsverarbeitung. Sie stellt die klassische Form des Outsourcing dar.

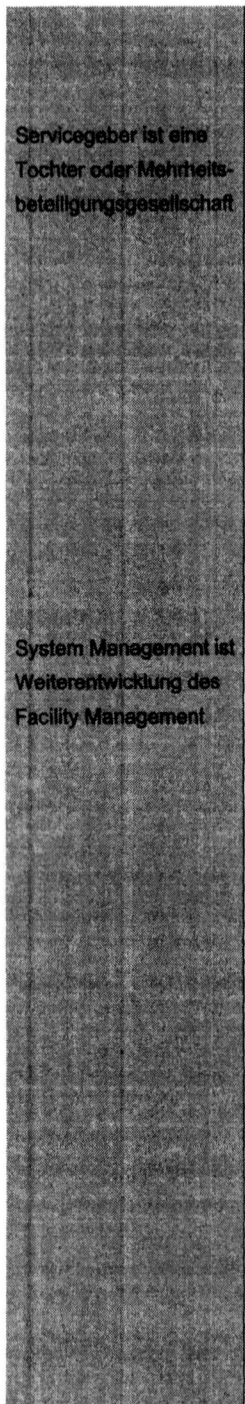

Man unterscheidet weiterhin zwischen:

Internes Facility Management
Der Servicegeber ist eine Tochter- oder Mehrheitsbeteiligungsgesellschaft, welche EDV-Funktionen übernimmt. Diese Form kann zu externem Facility Management erweitert werden, wie bei EDS und debis Systemhaus geschehen, wo eigenständige Unternehmen aus den Muttergesellschaften General Motors und Daimler Benz entstanden sind.

Externes Facility Management
Der Servicegeber ist ein nicht zum Konzern gehörendes unabhängiges Unternehmen, das die selbständige unternehmerische Verantwortung für die ausgegliederten Funktionen übernimmt.

Die Merkmale des Facility Management sind in Abb. 3.2 zusammengefaßt. Sehr häufig ist in diesem Zusammenhang auch der Begriff "System Management" zu finden. Dies stellt eine Weiterentwicklung des Facility Management um die Komponente der strategischen Verantwortung dar. Sie soll hier als eine Reinform des Facility Management betrachtet werden. Viele Fragestellungen des Facility Management lassen sich auf große Outsourcing- oder Systemintegrationsprojekte ebenso anwenden wie auf kleine oder mittlere. Trotzdem gibt es zwischen der bei Großprojekten üblichen Totalübernahme eines EDV-Betriebs vor Ort und der Integration eines EDV-Bereichs in ein großes Rechenzentrum, wie es bei kleinen und mittleren Projekten der Fall ist, grundlegende Unterschiede.

- Übernahme der Generalunternehmerschaft durch den Servicegeber
- Übernahme von betrieblicher und finanzieller Verantwortung durch den Servicegeber
- Übernahme von Mitarbeitern und EDV-Hardware durch den Servicegeber
- Langfristige Vertragsdauer

Abb. 3.2 Merkmale des Facility Management

4 Vorteile des Outsourcing

Die Vorteile, die das Auslagern für den Servicenehmer mit sich bringen, sind gleichzeitig auch die Gründe den oft nicht unwesentlich am Betriebsergebnis beteiligten Bereich Informationsverarbeitung extern anzusiedeln.

Ein wesentlicher Vorteil der Outsourcing-Analyse
ist, daß sie die Möglichkeit bietet, die eigene Datenverarbeitung auf ihre Schwachstellen zu untersuchen.
Auch ohne Auslagerung liefert die Outsourcing-Dis-
kussion demnach bereits Vorteile für das Unternehmen, dann im Sinne eines Benchmarkings. Für den
Fall aber, daß die eigene Datenverarbeitung tatsächlich in die Hände eines externen Servicegebers gelegt
wird, ist mit Vorteilen zu rechnen:

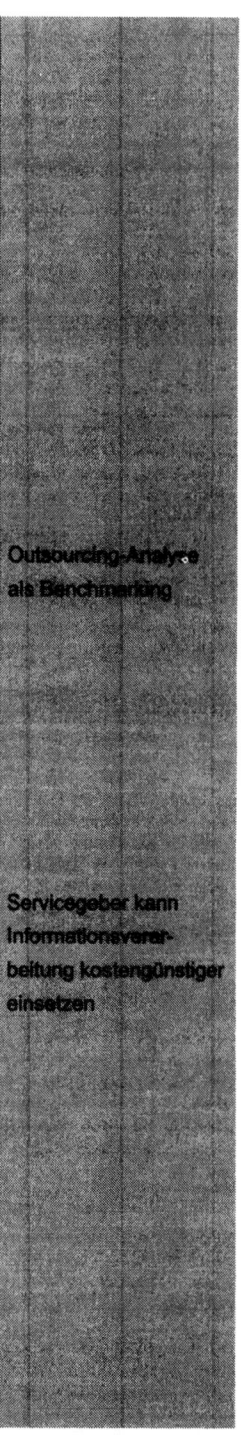

Outsourcing-Analyse
als Benchmarking

Finanzielle Vorteile

Kostenreduzierung
Der Servicegeber kann seine Informationsverarbeitung aufgrund mehrerer Outsourcing-Kunden geziel-
ter und kostengünstiger einsetzen. Für den Servicenehmer entfallen eine Vielzahl von Kostenarten wie
Personal- und Schulungskosten.

Servicegeber kann
Informationsverar-
beitung kostengünstiger
einsetzen

Kostenkontrolle
Neben der besseren Zuordungsmöglichkeit der Kosten ist das Kosten- und Leistungsverhältnis besser zu
kontrollieren. Die Kosten sind langfristig genauer
planbar.

Fixkostenumwandlung
Die meisten Fixkosten werden in variable Kosten um-
gewandelt. Dadurch ist eine bessere Orientierung am
tatsächlichen Bedarf möglich. Die Vertragsvereinba-
rungen sind meist über einen bestimmten Pauschal-

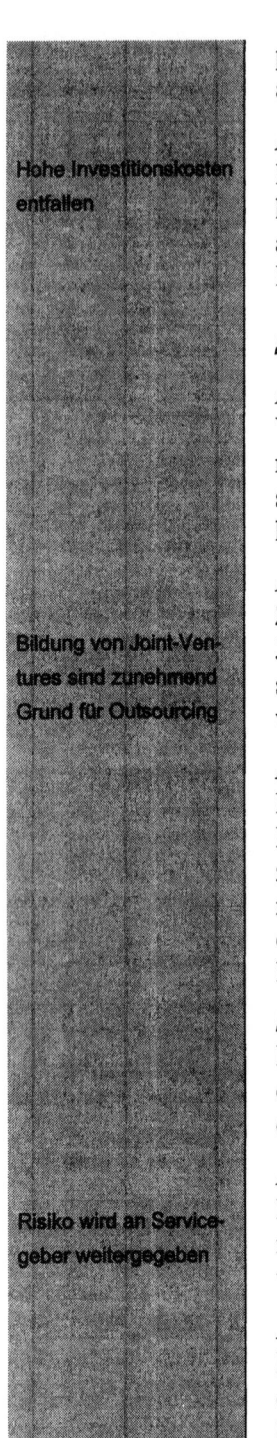

Hohe Investitionskosten entfallen

Bildung von Joint-Ventures sind zunehmend Grund für Outsourcing

Risiko wird an Servicegeber weitergegeben

preis abgeschlossen; Zusatzleistungen werden separat abgerechnet.

Liquiditätseffekt
Durch den Verkauf nicht mehr benötigter Hardware können Einnahmen verbucht und gegebenenfalls auch noch Gewinn erzielt werden. Es entfallen hohe Investitionskosten, z.B. für neue Rechner.

Strategische Vorteile

Kerngeschäftkonzentration
Verbleibendes qualifiziertes Fachpersonal kann sich mehr auf strategische Fragen konzentrieren. Die gesamte Organisationsstruktur wird vereinfacht und häufig durchgängiger.

Partnerschaften
Zunehmend werden strategische Partnerschaften und Joint-Ventures als ein wesentlicher Grund für Outsourcing genannt. Dadurch werden neue Vertriebswege und ggf. Märkte erschlossen.

Professionalität
Durch die Übergabe der Verantwortung an einen Dienstleister wird der Betrieb durch erfahrene Spezialisten des Servicegebers durchgeführt. Die personelle Ausstattung ist meist erheblich besser, so daß ein schnellerer und effektiverer Personaleinsatz möglich ist.

State-of-the-art
Der Servicegeber verfügt in der Regel über eine moderne Betriebsumgebung und stellt kürzere Innovationszyklen sicher.

Risikotransfer
Die Verantwortung für Probleme, die mit Einsatz neuester Technik verbunden sind, wird an den Servicegeber weitergereicht.

Planbarkeitsverbesserung
Durch die Vereinfachung der Planung und Kalkulation werden Entscheidungen für Neuentwicklungen leichter.

Altlastenübernahme
Alte, aber nie gelöste Problemstellungen, z.B. in der
Infrastruktur des Servicenehmers, werden vom Ser-
vicegeber übernommen.

Problemlösungsstreuung
Der Servicegeber arbeitet auch im eigenen Interesse
an allgemeinen Schwachstellenbeseitigungen mit.

Kooperation
Die Zusammenarbeit mit der EDV-Funktion wechselt
naturgemäß in eine Kooperation. Vorher war sie mehr
hierarchisch organisiert.

Verantwortlichkeitsdefinition
Die Verantwortlichkeiten und Leistungskriterien werden klar definiert.

Personalproblemreduzierung
Beim Transfer von Mitarbeitern werden Personalprobleme ggf. mittransferiert. Weiterhin wird der Servicenehmer unabhängig von temporärer oder chroni-
scher Personalknappheit.

Reaktionsvermögen
Die schnelle Reaktion auf neue Marktverhältnisse
kann sowohl Hardware, Software wie auch die Infrastruktur betreffen.

Servicebezogene Vorteile

Stabiler Service
Durch professionelles Betriebsmanagement wird der
Service stabiler.

Qualitätsverbesserung
Die Verbesserung der Qualität kann vertraglich vereinbart werden. Maßgebend ist, daß sie auch meßbar
ist. In der Regel kann der Servicegeber eine spürbare
Verbesserung der Qualität erzielen.

Spitzenbelastungsabfang
Die Zuordnung der Ressourcen kann vom Servicegeber gezielt vorgenommen werden, insbesondere
weil er über mehr Kapazitäten verfügt als der Service-

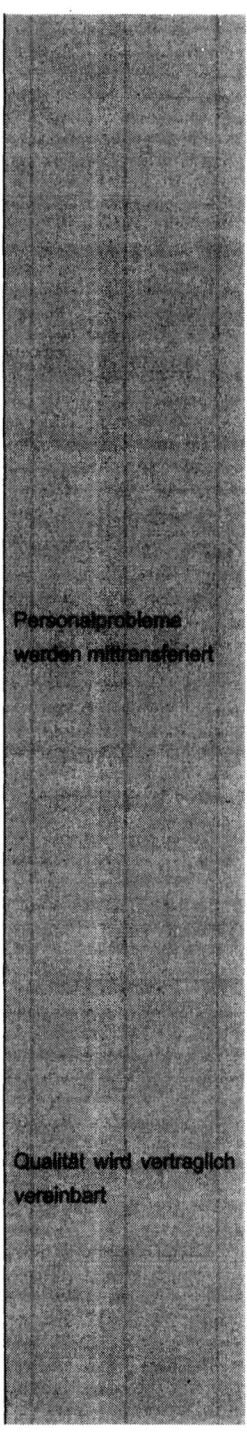

Lastspitzen können
personell besser
abgedeckt werden

nehmer ursprünglich zur Verfügung hatte. Dadurch können Lastspitzen besser abgedeckt werden.

Verfügbarkeitssteigerung
Die hohe Verfügbarkeit bezieht sich sowohl auf die EDV-Systeme als auch auf alle anderen Ressourcen. Auch bei wesentlichen Systemwechseln ist eine entsprechende Verfügbarkeit sichergestellt.

Verarbeitungsleistungserhöhung
Die EDV-Systeme des Servicegebers sind in der Regel wesentlich großzügiger ausgelegt als die ursprünglichen des Servicenehmers.

Standardisierung nimmt
zu

Standardisierung
Der Servicegeber wird immer bemüht sein, in allen Bereichen Standardisierungen einzuführen, was auch im Sinne des Servicenehmers ist. Letzterer wird dadurch mit seinen Anwendungen flexibler, effektiver und effizienter und kann mit einer besseren Verfügbarkeit von Lösungen rechnen.

Vorteile	Nachteile
• **Finanziell**	• **Finanziell**
– Kostenreduzierung	– Kostenerhöhung
– Kostenkontrolle	– Kostenexplosion
– Liquiditätseffekt	
• **Strategisch**	• **Strategisch**
– Kerngeschäftskonzentration	– Abhängigkeit
– Partnerschaften	– Irreversibilität
– Professionalität	– Schnittstellen
– State-of-the-art-Equipment	– Personalprobleme
– Risikotransfer	– Know-How-Verlust
– Planbarkeitsverbesserung	
– Altlastenübernahme	
– Problemlösungsstreuung	
– Kooperation	
– Klare Verantwortlichkeitsdefinition	
– Personalproblemreduzierung	
– Schnelles Reaktionsvermögen	
• **Servicebezogen**	• **Servicebezogen**
– Stabiler Service	– Logistikexpansion
– Qualitätsverbesserung	– Datenschutzrisikoerhöhung
– Spitzenbelastungsabfang	– Qualitätsverschlechterung
– Verfügbarkeitssteigerung	

Abb. 4.1 Vor- und Nachteile des Outsourcing

5 Nachteile des Outsourcing

Den beschriebenen Vorteilen können eine ganze Reihe von Nachteilen gegenübergestellt werden. Ein Servicenehmer muß sich daher sehr sicher sein, daß er auch tatsächlich auslagern möchte, denn bereits nach kurzer Zeit kann der einmal eingeschlagene Weg so gut wie nicht mehr zurückgegangen werden - eine Rückkehr zum Betrieb der Datenverarbeitung im eigenen Hause ist nach vorherigem Auslagern zumindest sehr beschwerlich:

Finanzielle Nachteile

Kostenerhöhung
Während oder nach einem Outsourcing-Projekt erhöhen sich eine ganze Reihe von Kosten. Es sind dies: Transaktionskosten, Koordinationskosten, Kommunikationskosten, Datenübertragungskosten und Logistikkosten etc. Unter Umständen entstehen auch noch zusätzliche finanzielle Aufwände für abzufindende Mitarbeiter.

Kostenexplosion
Es besteht die Gefahr, daß der Servicegeber nach wenigen Jahren die Gebühren erhöht. Weiterhin kann der Wunsch nach Sonderleistungen im normalen Servicebetrieb zu einer schleichenden Kostenexplosion führen. Daher muß bei der Langfristplanung sehr genau und behutsam vorgegangen werden.

Strategische Nachteile

Abhängigkeit
Der Servicenehmer muß sich darüber im klaren sein, daß er die Kontrolle über ganz wesentliche Funktionen seines Unternehmens aus der Hand gibt. Eine

Rückkkehr zum Eigenbetrieb nur schwer möglich

Mitarbeiter müssen abgefunden werden

Servicegeber kann Gebühren erhöhen

Kontrolle über wesentliche Funktionen wird aus der Hand gegeben

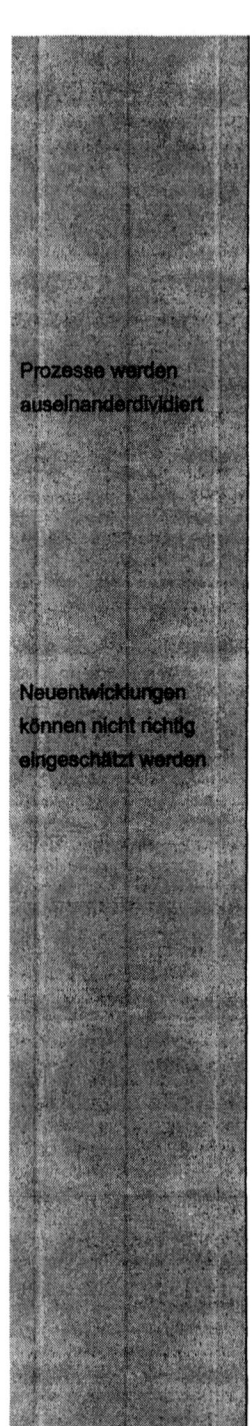

Prozesse werden
auseinanderdividiert

Neuentwicklungen
können nicht richtig
eingeschätzt werden

wirtschaftliche Instabilität des Servicegebers kann sich sehr schnell schädigend auswirken.

Irreversibilität
Bei Verlust des EDV-Wissens ist es dem Servicenehmer nach wenigen Jahren nahezu unmöglich, das Outsourcing wieder rückgängig zu machen.

Schnittstellen
Die Zusammenarbeit zweier Unternehmen auf so enger Basis stellt immer ein Risiko dar. Die Folge des Outsourcing ist, daß Prozesse auseinanderdividiert werden, was zu Schnittstellen und nicht unerheblichen Reibungsverlusten führt.

Personalprobleme
Mitarbeiter und Betriebsrat zeigen häufig Widerstand gegen das Outsourcing, weil sie ihren eigenen Arbeitsplatz in Gefahr sehen.

Know-How-Verlust
Ein Unternehmen, das keinerlei Know-How im EDV-Bereich besitzt, kann neue Entwicklungen in ihrer Wichtigkeit nicht mehr entsprechend einschätzen.

Servicebezogene Nachteile

Logistikexpansion
Häufig muß die Logistik sehr aufgebläht werden, um z.B. Druckerlisten vom Servicegeber zum Servicenehmer zu transportieren. Auch steigt der Aufwand an Koordination und Kommunikation. Dies führt zu Reibungen an den Schnittstellen.

Datenschutzrisikoerhöhung
Der Personenkreis, der Einblick in vertrauliche Daten hat, wird erweitert. Ebenso kann der Transport von vertraulichen Daten auf diversen Datenträgern über längere Distanzen zu Problemen führen.

Qualitätsverschlechterung
Eine unzureichende Betreuung der Fachfunktionen führt zu Unzufriedenheit, z.B. durch die Unerfahrenheit neuer Mitarbeiter des Servicegebers. Weiterhin besteht die Gefahr, daß kleinere Kunden eine

schlechtere Betreuung erfahren als Großkunden und sich weniger durchsetzen können.

Die beschriebenen Nachteile und Gefahren eines Outsourcing können zumindest teilweise vermieden werden. Im weiteren Verlauf des Buches wird auf die Möglichkeiten eingegangen.

In Abb. 4.1 sind alle genannten Vor- und Nachteile im Vergleich dargestellt.

6 Personal- und Informationspolitik

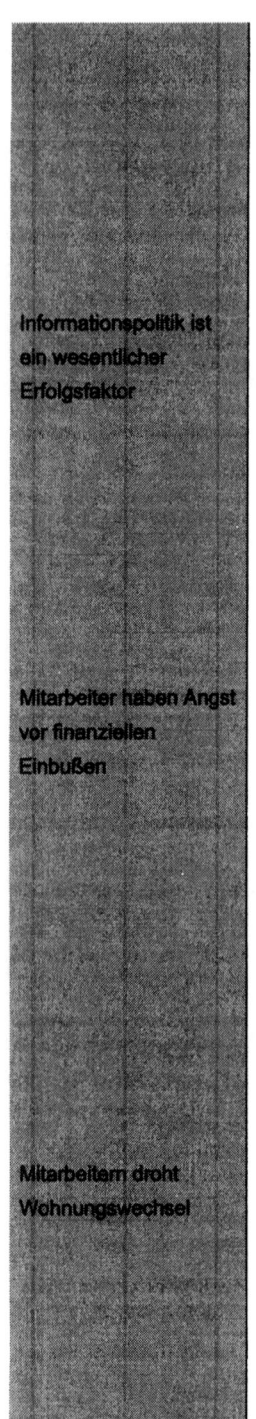

Informationspolitik ist ein wesentlicher Erfolgsfaktor

Bereits am Anfang eines Outsourcing-Projektes stellt sich für das Unternehmen die Frage, wann und wie die betroffenen Mitarbeiter von den Plänen informiert werden sollen. Diese Frage darf auf keinen Fall als belanglos angesehen werden. Die richtige Informationspolitik ist ein wesentlicher Erfolgsfaktor für das Projekt, denn Outsourcing-Aktivitäten stellen eine erhebliche Belastung für die betroffenen Mitarbeiterinnen und Mitarbeiter dar. Die wesentlichen Aspekte sind:

Finanzielle Aspekte

Mitarbeiter haben Angst vor finanziellen Einbußen

Hier stehen materielle Gründe im Vordergrund: besonders die Angst, Betriebsrenten, Gehaltszuschläge, Überstundenvergütungen, sonstige Zulagen, 13. Monatsgehalt, Weihnachtsgeld, Fahrtkostenzuschüsse etc. zu verlieren. Aus Sicht der Betroffenen ist der wesentliche Grund für die Outsourcing-Pläne ihres Unternehmens der Versuch, die Kosten zu senken. Daß die Personalkosten dabei ein wesentlicher Faktor sind, ist jedem Mitarbeiter bekannt. Die Besitzstandswahrung über ein Jahr entsprechend §613a BGB stellt keine Verringerung der Ängste dar - oft ist das Gegenteil der Fall.

Familiäre Aspekte

Mitarbeitern droht Wohnungswechsel

Outsourcing birgt für die Mitarbeiter und ihre Familien die Gefahr, kurz- oder mittelfristig einen Wohnortwechsel vollziehen zu müssen, wenn der Arbeitsplatz nicht verloren gehen soll. Diese Gefahr ist besonders groß, wenn das existierende Rechenzentrum in ein Großrechenzentrum des Servicegebers verlagert werden soll, weil dieses wohl nur in den wenigsten Fällen in einer direkten räumlichen Nachbarschaft zum derzeitigen Standort liegt.

Psychologische Aspekte

Das Gefühl, trotz vieler Jahre im Dienste des Unternehmens abgeschoben zu werden, der Verlust der gewohnten Unternehmenskultur und der Kollegen, das Empfinden, "Mitarbeiter 2. Klasse" zu sein und die zum Teil irrationale Angst um den Arbeitsplatz stellen eine erhebliche mentale Belastung der Mitarbeiter dar. Alle oben genannten Aspekte zusammen verdeutlichen, daß hier bei falscher Informations- und Personalpolitik eine für das Unternehmen nicht unkritische Brisanz entstehen kann, die sich in den nachfolgend aufgeführten Risiken niederschlägt.

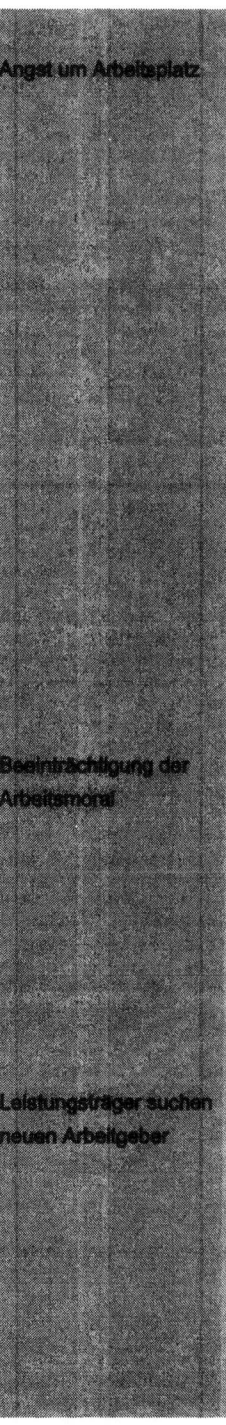

Angst um Arbeitsplatz

Widerstand

Je nach betrieblicher Situation kann es zu erheblichen Problemen mit dem Betriebsrat kommen, der in praktisch jedem Fall von den Betroffenen zur Unterstützung herangezogen wird.

Schlechte Arbeitsmoral

Bereits bei ersten Gerüchten über bevorstehende Outsourcing-Pläne kann es zu einer Beeinträchtigung der Arbeitsmoral kommen. Dieses kann durchaus auch die Mitarbeiter betreffen, die sich ansonsten durch eine sehr hohe Arbeitsmoral auszeichnen. Das gleiche gilt auch für das betroffene Management. Im Extremfall kann dies zu einer erhöhten Krankenrate oder zum "Dienst nach Vorschrift" führen.

Beeinträchtigung der Arbeitsmoral

Kündigungen

Wenn sich die Pläne konkretisieren und den Leistungsträgern keine konkrete, individuelle Perspektive für die Zukunft geboten wird, werden sich diese auf dem Arbeitsmarkt umsehen, eigeninitiativ vorgehen und sich einen neuen Arbeitgeber suchen. Das gesamte Projekt kann dadurch gefährdet werden, da der Servicegeber nur in den wenigsten Fällen ohne die Leistungsträger des Unternehmens, die die Gegebenheiten, Anwendungen und Fachfunktionen kennen, auskommt.

Leistungsträger suchen neuen Arbeitgeber

Die Auswahl der richtigen Informationspolitik ist von den speziellen Gegebenheiten des Unternehmens abhängig.

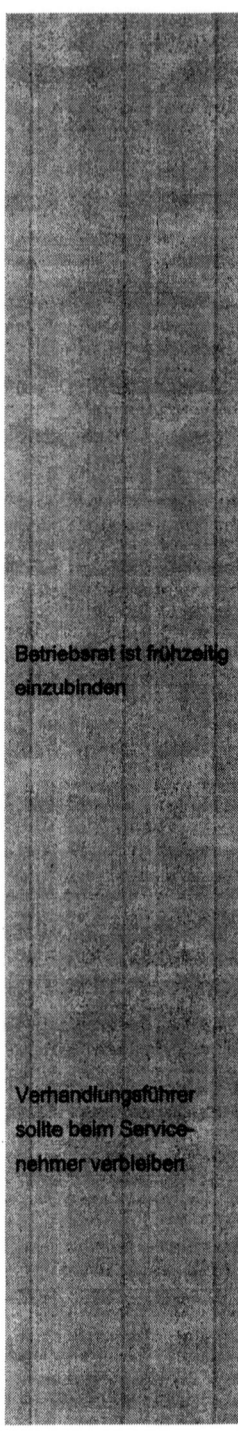

Betriebsrat ist frühzeitig
einzubinden

Verhandlungsführer
sollte beim Service-
nehmer verbleiben

- Wieviele Mitarbeiter sind betroffen?
- Steht die Entscheidung schon fest?
- Droht ein Standortwechsel?
- Wie stark ist der Betriebsrat?
- Wie hoch ist der Organisationsgrad der Mitarbeiter?
- Steht das betroffene Management hinter den Plänen?

Abb. 6.1 Fragen zur Informationsstrategie

Die Beantwortung der in Abb. 6.1 zusammengestellten Fragen ist dabei wesentlich. Es sollte informiert werden, wenn die Überlegungen nicht mehr in einem kleinen, zur Vertraulichkeit verpflichteten Managementkreis gehalten werden können. Dies ist meistens schnell der Fall, da der Serviceanbieter konkretes und detailliertes Zahlenmaterial braucht, welches sich nur auf der Fachebene besorgen läßt.

Daher sollte eine frühzeitige und umfassende Information über die Pläne sowie die aktive Einbeziehung des Betriebsrates erfolgen. Bei Konkretisierung der Pläne sollte weiterhin in individuellen Personalgesprächen die personelle Einzelsituationen reflektiert werden. Sobald der Servicegeber feststeht, müßte auch er Gelegenheit erhalten, Personalgespräche zu führen oder zumindest an ihnen teilzunehmen, um den Mitarbeitern die Angst vor der ungewissen Zukunft zu nehmen. Den Leistungsträgern muß rechtzeitig eine berufliche und auch finanzielle Perspektive geboten werden, damit sie sich nicht anderweitig orientieren. Frühzeitig ist auch zu klären, welche Mitarbeiter und Manager beim Unternehmen verbleiben sollen. Ganz besonders wichtig ist, den Verhandlungsführer im Unternehmen zu belassen. Das Verhandlungsergebnis kann nur dann für das Unternehmen optimal sein, wenn dieser sich nicht wenige Wochen später auf der "Gegenseite" sieht, womöglich mit dem früheren Verhandlungspartner des Servicegebers als Kollegen oder gar Vorgesetzten.

Wie bereits erwähnt, bieten sich für die Personalerweiterung beim Servicegeber eine Reihe von Möglichkeiten an:

Einstellung neuer Mitarbeiter
Hier müssen Ausbildung, Qualifikation und Arbeitsmoral an erster Stelle stehen, denn die Mitarbeiter
werden an einer der sensibelsten Positionen im Unternehmen arbeiten. Eine Möglichkeit, sicherzugehen,
besteht darin, innerhalb des Unternehmens umzuorga-
nisieren und bewährte Mitarbeiter auf die besonders
sensiblen Funktionen zu versetzen, während neuein-
gestellte Mitarbeiter die nun freiwerdenden Arbeits-
felder ausfüllen.

Bewährte Mitarbeiter
auf sensible Funktionen
versetzen

Personalübernahme
Wenn der Serviceanbieter neue Mitarbeiter vom Servicenehmer übernimmt, sind die ersten Tage in der
neuen Umgebung nicht selten entscheidend für die
spätere Identifikation mit dem neuen Arbeitgeber.
Hier ist noch mehr Sorgfalt auf eine gute personelle
Betreuung vom ersten Tag an zu legen als bei neu ein-
gestellten Mitarbeitern, denn letztere haben sich ja
freiwillig für das Unternehmen entschieden, die "Outgesourcten" hatten diese Wahlmöglichkeit nicht.

Sorgfältige Mitarbeiter-
betreuung ist wichtig

Bei der Organisation der Personalübernahmen sollte
auf folgendes geachtet werden:

- Offizielle Begrüßung durch höheres Management
- Individuelle Personalgespräche mit neuem Vorge-
  setzten
- Benennen von Anprechpartnern als Anlaufadressen
  für die neuen Mitarbeiter (Pate)
- Vorbereitete Ausweise für verschiedene Sicher-
  heitszonen
- Vorstellung der Infrastruktur (Örtliche Gegeben-
  heiten, Zeiterfassung etc.)
- Optimal vorbereitete Arbeitsplätze (Schreibtisch,
  PC, Schreibmaterial etc.)
- Sicherheitsbelehrung (Notausgänge, Sammelplätze,
  Sicherheitsbeauftrager etc.)
- Lageplan/Übersichtskarte des Standortes
- Gemeinsame Veranstaltung/Essen mit den neuen
  Kollegen
- Alle wesentlichen Richtlinien und Regeln in einer
  Mappe mit Anschreiben

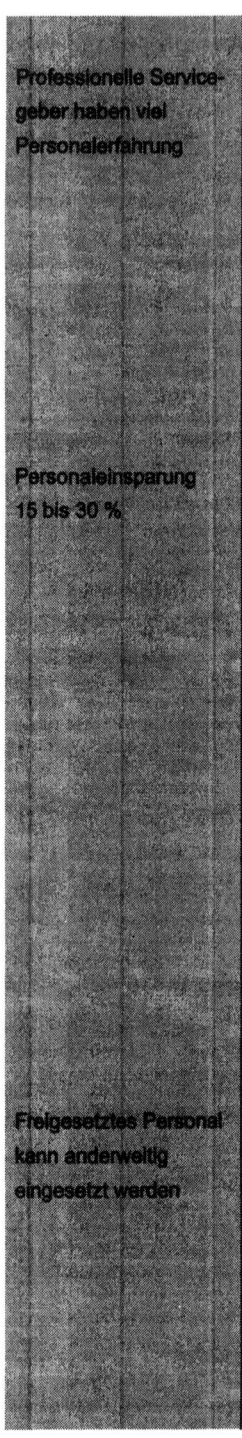

Professionelle Servicegeber haben auf diesem Gebiet viel Erfahrung. Oft wird der erste Tag für eine Einführungsveranstaltung genutzt, in der die oben beschriebenen Punkte behandelt werden. Mit dem ersten Tag sollte aber die Sorgfalt nicht aufhören. Viel Aufmerksamkeit werden die Betroffenen der ersten Gehaltsabrechnung entgegenbringen und diese genau nachrechnen. Sollten Unklarheiten bestehen, so ist der Serviceanbieter gut beraten, wenn er großzügig verfährt, bis alle offenen Punkte geklärt sind.

Wesentlich für alle Betroffenen ist die Frage nach dem potentiellen Verlust des Arbeitsplatzes. Bei einem Outsourcing kann gewöhnlich von einer mittelfristigen Personaleinsparung von 15 bis 30 % ausgegangen werden.

Das heißt nicht zwangsweise, daß Personal entlassen werden muß. Es kann auch bedeuten, daß eine über Jahre erforderliche und geplante Personalerweiterung, z.B. durch den Umstieg auf personalintensivere, aber dafür flexiblere Client-Server-Systeme, nicht durchgeführt werden muß. Dies wird auch dadurch unterstützt, daß gerade in der Anfangsphase eines Outsourcing-Vertrages teilweise erhebliche Vorleistungen erbracht werden müssen, bis die Einsparungen überhaupt zu realisieren sind.

Wenn allerdings die EDV-Planung von sinkenden Personalzahlen ausgeht, wird man um Versetzungen, Vorruhestandsregelungen oder sogar Entlassungen nicht umhin kommen. Wenn der Servicenehmer an einer auf Konstanz ausgerichteten Personalpolitik interessiert ist, sollte er dafür sorgen, daß sein Personal entsprechende Perspektiven erhält. Große Outsourcing-Anbieter, mit einer Vielzahl von Verträgen, können z.B. freigesetztes Personal in anderen Bereichen und bei anderen Verträgen einsetzen.

Dies setzt allerdings voraus, daß die Mitarbeiter flexibel und bereit sind, sich auch neue Kenntnisse anzueignen. Leider ist diese Voraussetzung nicht immer gegeben. Aber auch bei den großen Anbietern gibt es signifikante Unterschiede in der Personalpolitik.

7 Phasen des Outsourcing

Die einzelnen Schritte des Outsourcing-Prozesses beginnen mit dem ersten Kontakt zwischen dem potentiellen Servicenehmer und dem Servicegeber. Er endet mit der Übernahme der Betriebsverantwortung, letztlich mit dem Ablauf des Vertrages. In Abb. 7.1 ist der Outsourcing-Regelkreis dargestellt. Die einzelnen Phasen können folgendermaßen gegliedert werden:

Outsourcing-Projekt gliedert sich in einzelne Phasen

- Kontaktaufnahme
- Datenerhebung
- Ausschreibung
- Angebotsbearbeitung
- Vetragsverhandlung
- Planung
- Übernahme
- Betrieb
- Vertragsende

Bevor die Phasen näher beleuchtet werden, muß die Frage nach der Dauer eines solchen Projekts gestellt werden. Es kann keine verbindliche Aussage geben, wie lange ein Outsourcing-Projekt dauert. Zu viele Faktoren beeinflussen die Zeitplanung. Die Erfassung der technischen Details und die Erstellung eines aussagefähigen Angebots sowie die Vertragsverhandlungen können, je nach Komplexität, erhebliche Zeit in Anspruch nehmen.

Ein wesentlicher Aspekt, der zu nennenswerten Verzögerungen führen kann, ist der Entscheidungsprozeß beim Servicenehmer, der oft erst während des Projekts abgeschlossen oder, aufgrund der gewonnenen Erkenntnisse, neu angestoßen wird. Gründe für Verzögerungen finden sich häufiger beim Servicenehmer als beim Servicegeber. Selbst bei kleineren Projekten muß von mindestens einem halben Jahr

Die Dauer eines Outsourcing-Projekts ist unterschiedlich

 zwischen Ausschreibung und Vertragsabschluß aus-
gegangen werden. Bei größeren Projekten kann auch
leicht ein Jahr oder mehr vergehen.

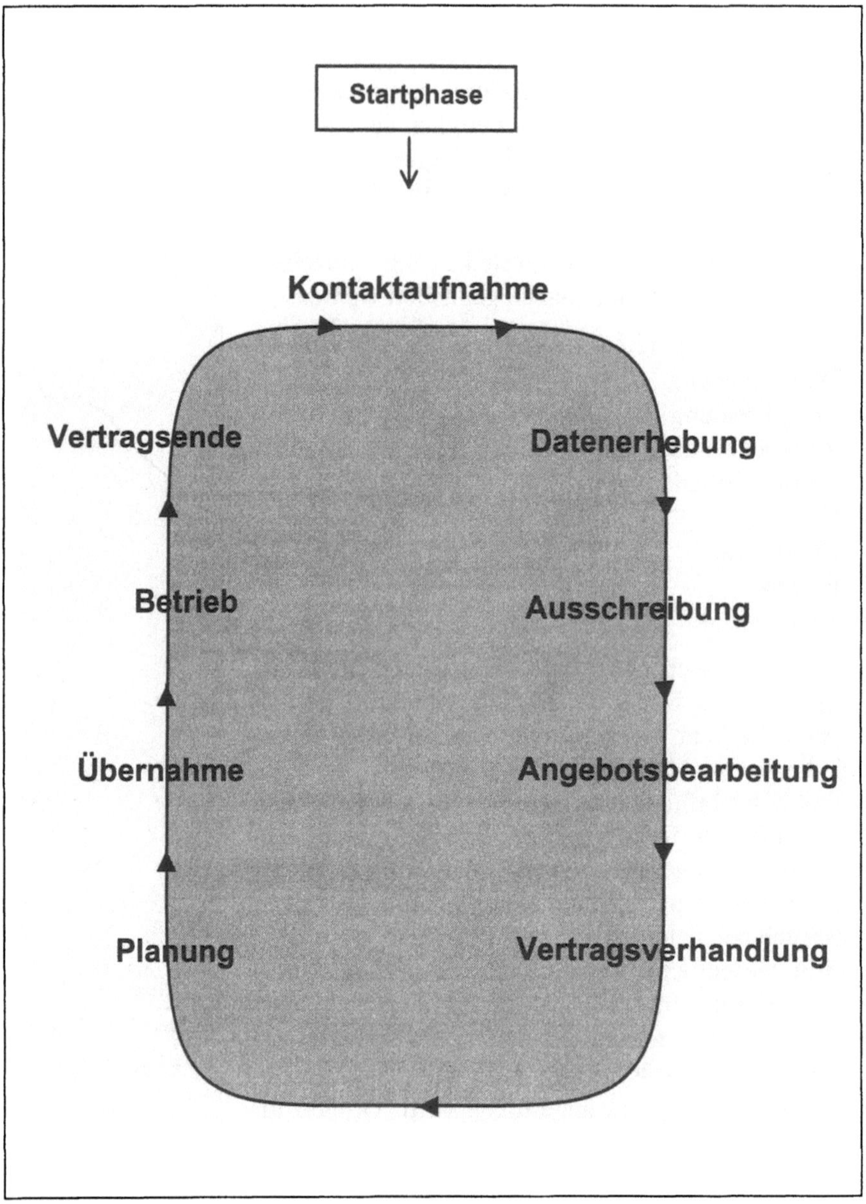

Startphase

Kontaktaufnahme

Vertragsende   Datenerhebung

Betrieb   Ausschreibung

Übernahme   Angebotsbearbeitung

Planung   Vertragsverhandlung

Abb. 7.1 Regelkreis des Outsourcing

7.1 Kontaktaufnahme

In der ersten Phase des Outsourcing sind die interne Organisationsform des Anbieters sowie die Art der Kontaktaufnahme wichtig. Wesentliche Aspekte sind hierbei:

- Organisationsformen des Servicegebers
- Kontaktaufnahme durch Servicenehmer
- Kontaktaufnahme durch Servicegeber

7.1.1 Organisationsformen des Servicegebers

Bei vielen Outsourcing-Anbietern werden die verantwortlichen Fachleute und Vertriebskräfte organisatorisch gebündelt und der Vertriebsorganisation als nachgelagerte Unterstützungsfunktion zur Verfügung gestellt. Dabei ist es unerheblich, ob die organisatorische Trennung über Managementsysteme hergestellt oder über speziell dafür gegründete Tochtergesellschaften etabliert wird. In vielen Fällen behält der verantwortliche Kundenvertriebsbeauftragte aber die Gesamtverantwortung für das Projekt.

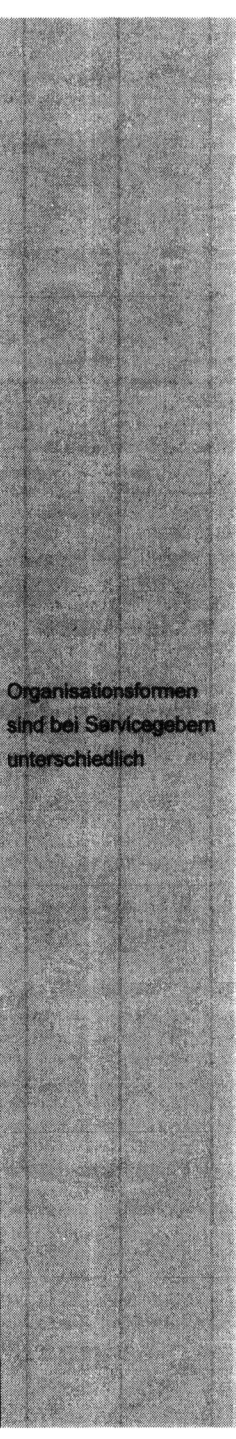

Organisationsformen sind bei Servicegebern unterschiedlich

Andere Anbieter übergeben Outsourcing-Fälle an Spezialisten, die eng mit dem Vertrieb zusammenarbeiten. Oft wird diese Struktur für den Kunden gar nicht transparent, da sein vertrauter Vertriebsbeauftragter bei allen wesentlichen Besprechungen anwesend ist.

Auf die generelle Problematik der Strukturen einer Vertriebsorganisation soll hier nicht weiter eingegangen werden, da es sich nicht um eine outsourcingtypische Fragestellung handelt.

7.1.2 Kontaktaufnahme durch Servicenehmer

Fragt der potentielle Servicenehmer eigeninitiativ beim Servicegeber an, so ist das in den meisten Fällen ein Zeichen dafür, daß der Entscheidungsprozeß zum Outsourcing bereits angestoßen ist. In diesen Fällen werden meist mehrere Anbieter gleichzeitig angespro-

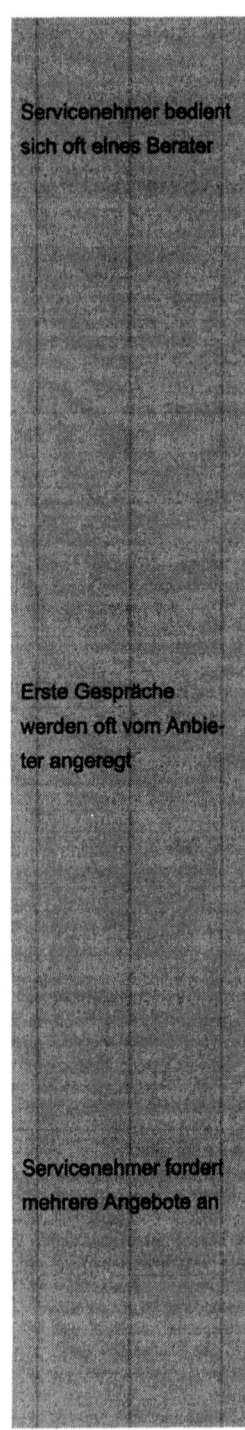

chen. Oft wird sich dabei eines Beraters bedient, der die Aufgabe hat, die Anfragen zu koordinieren, zu administrieren und die notwendigen Datenerhebungen durchzuführen. Die Vorteile eines externen Outsourcing-Beraters sind:

Professionalität
Es kann davon ausgegangen werden, daß der Berater einen entsprechenden Wissens- und Erfahrungsschatz sowie Vorgehensmodelle und Konzepte mitbringt, sofern er Outsourcing-Fälle bereits erfolgreich abgewickelt hat.

Neutralität
Bei einem von den Anbietern gänzlich unabhängigen Berater kann von einem fairen und objektiven Urteil ausgegangen werden.

7.1.3 Kontaktaufnahme durch Servicegeber

Der Weg zu einer Outsourcing-Entscheidung ist sehr lang. Erste Gespräche werden oft vom Anbieter angeregt. Die Outsourcing-Möglichkeiten, sowie die Vor- und Nachteile werden diskutiert und langsam konkretisiert. In vielen Fällen wird dieser Gedankenaustausch auf höherer Managementebene geführt. In dieser Phase handelt es sich meist um ein bilaterales Verhältnis zwischen Servicenehmer und einem Anbieter. Erst später, aber das in den allermeisten Fällen, werden weitere Outsourcing-Anbieter einbezogen; ganz selten bleibt es bei nur einem.

In Anbetracht der sehr hohen Vertragssummen und weiterer geschäftspolitischer Gründe kann es sich das Management kaum leisten, nur einen Anbieter zur Abgabe eines Angebotes aufzufordern. Ungeachtet dessen liegt ein wesentlicher strategischer Vorteil beim Anbieter, der die Outsourcing-Idee beim Servicenehmer forciert hat. Dadurch genießt er oft das besondere Vertrauen des Servicenehmers und verfügt über einen wesentlichen Wissensvorsprung vor der Konkurrenz. Oft hat er schon ein Angebot abgegeben, bevor die anderen "nachziehen" dürfen.

7.2 Datenerhebung

Jedes Projekt beginnt mit einer detaillierten Erfassung der relevanten Daten und Informationen sowie der Festlegung der Anforderungen. Die Qualität dieser Aktivitäten hat unmittelbare Folgen auf alle weiteren Aktionen. Sie sollten daher konzentriert und konsequent durchgeführt werden.

7.2.1 Aufnahme Ist-Situation

Hier werden die groben Spezifika in Form eines Fragenkatalogs (Abb. 7.2) erfaßt und zusammengestellt. In den wenigsten Fällen liefert der Auftraggeber bei der Ausschreibung aber detaillierte Informationen. Oft wird nur spärlich informiert mit der Hoffnung, der Anbieter würde schon die richtigen Fragen stellen. Das ist insofern richtig, als der Anbieter über umfangreiche Kontrollisten vefügt. Der Servicenehmer muß dennoch die Informationen zusammenstellen. Weil der späteren Ausschreibung auch eine juristische Bedeutung zukommt, kann es nur ratsam sein, diese bereits im ersten Schritt so umfassend wie möglich zu machen.

Projekt beginnt mit Datenerfassung

Servicegeber verfügt über Kontrollisten

Immobilien

- Sollen Gebäude, Grundstücke oder sonstige Betriebsteile übernommen werden?

Inventar

- Welche Maschinen werden eingesetzt?
- Soll der Anbieter diese übernehmen? Wenn ja, welche?
- Welche Hardware wird eingesetzt (PCs, Peripheriegeräte, Rechner (Hauptspeicher, Platten, Prozessor etc.), Drucker, Netzgeräte, Büromöbel, Kassetten, Bänder)?
- Ist das Inventar gekauft? Wenn ja, wie hoch ist der Restbuchwert und wie lange ist noch abzuschreiben?

Abb. 7.2 Fragenkatalog Ist-Aufnahme - Teil 1

... Inventar

- Ist das Inventar geleast? Wenn ja, wie hoch sind Leasinggebühr und Laufzeit des Leasing-vertrages?
- Gibt es Hardwarewartungsverträge? Wenn ja, welche?

Software

- Auf welcher Maschine wird welche Software eingesetzt? (Genaue Bezeichnung, Release-stand etc.)
- Ist die Software gekauft oder gemietet? Falls Miete, wann läuft der Mietvertrag aus?
- Gibt es kritische Anwendungen?
- Welche Software ist zwingende Voraussetzung für den späteren Betrieb?
- Welche Software wird/ist vom Servicenehmer selbst entwickelt worden?
- Liegt für eigenentwickelte Software eine ausführliche und aktuelle Dokumentation vor? Wird die Software auch später noch vom Servicenehmer gewartet?
- Welche PC-Software wird betrieben? Welche im Netz? Welche lokal?
- Gibt es Software-Wartungsverträge? Wenn ja, mit wem? Welche Laufzeit?
- Welche Anwendungen sollen später betrieben werden?
- Wie wird die Lizenzverwaltung durchgeführt?

Personal

- Wieviel Personal wird in den betroffenen Rechenzentren eingesetzt?
- Welche Aufgaben werden von diesem Personal durchgeführt?
- Welches Alter haben die Mitarbeiter und Mitarbeiterinnen?
- Wieviel Personen sollen vom Servicegeber gemäß §613a BGB übernommen werden?
- Welche Personen bzw. Tätigkeiten sollen beim Servicenehmer verbleiben?
- Gibt es RZ-Aufgaben, die nicht von der RZ-Abteilung wahrgenommen werden? Wenn ja, wie hoch ist der Personalaufwand? Sollen diese Tätigkeiten auch ausgelagert werden?
- Wie sehen die wesentlichen Betriebsvereinbarungen aus?
- Welche sonstigen Regeln, die bei einer Übernahme wichtig sind, gibt es (Reisekostenrege-lung, Mietwagen, Fahrtkostenzuschuß, Zeiterfassung etc.)?
- Welche Zahlungen werden geleistet (Gehalt, Zulagen, 13. Monatsgehalt, Weihnachts- und Urlaubsgeld, Betriebsrente, Versicherungen, Sonderprämien, Tantieme, Überstundenbe-zahlungen)?

Netzwerk

- Welche Verbindungen zu anderen Lokationen bestehen? Um welchen Typ von Leitungen handelt es sich dabei?
- Welche Hardware (Konzentrator, Modems, Kontrolleinheiten etc.) werden benutzt?

Abb. 7.2 Fragenkatalog Ist-Aufnahme - Teil 2

... Netzwerk

- In welchen Lokationen stehen welche Geräte?
- Welche Protokolle werden gefahren? (SNA, TCP/IP, SPX, IPX etc.)?
- Wie ist die LAN-Struktur (Token-Ring, Ethernet, Segmente etc.)?
- Wieviele vernetzte PCs gibt es?
- Welche Filetransferprodukte werden eingesetzt (FTP, XCOM, IBTS etc.)?
- Gibt es Internet-Anschlüße? Wenn ja, welche Firewall-Konzepte gibt es?
- Welche Datenmengen werden über das Netz übertragen?
- Mit welcher Belastungsverteilung (symmetrisch, asymmetrisch?)
- Wie hoch ist die durchschnittliche Netz-Antwortzeit?
- Welche Spitzen der Datenübertragung treten geschäftsprozessorientiert auf?
- Welche Loaderhöhungen werden geplant/prognostiziert?
- Gibt es eigene Netzwerk-Rechner/Server?

Benutzerunterstützung

- Wie wird die Benutzerunterstützung betrieben ?
- Wieviele Anrufe kommen in welcher Zeit an?
- Welche Werkzeuge werden zur Unterstützung eingesetzt?
- Wie ist die Reaktionszeit definiert?
- Wie ist die nachgelagerte fachliche Unterstützung organisiert?
- Gibt es eine garantierte Erreichbarkeit über eine zentrale Nummer?

System Management

- Welche Softwareprodukte werden für Änderungs-, Problem- und Performance-Management eingesetzt?
- Welche Reaktionszeiten sind hier definiert?
- Gibt es eine formalisierte, prioritätsorientierte Problembearbeitung?
- Welche Statistiken und Messungen werden durchgeführt?
- Welche EDV-technische Unterstützung wird für die Abrechnung gegeben?
- Wie sieht das Berichtswesen aus?

Datensicherheit/Datensicherung

- Welche Sicherheitssoftware wird eingesetzt?
- Wie wird die Sicherheitsadministration durchgeführt?
- Wie funktioniert die Datensicherung?
- In welchen Intervallen, mit welcher Software, auf welche Maschinen wird gesichert?
- Wie wird die Datensicherung nicht vernetzter Einzelplatzrechner durchgeführt?·
- Werden die Daten in ein externes Archiv ausgelagert? Wenn ja wie oft?

Abb. 7.2 Fragenkatalog Ist-Aufnahme - Teil 3

... Datensicherheit/Datensicherung

- Wie lange müssen die Daten aufgehoben werden?
- Werden personenbezogene Daten nach Bundesdatenschutzgesetz verarbeitet?

Papierdruck

- Welche Druckanforderungen liegen vor?
- Ist Druckausgabe zeitkritisch durchzuführen?
- Muß die Druckausgabe verteilt werden?
- Wenn ja, nur in einer Lokation oder auch an Drittstandorte?
- Gibt es einen Kurierdienst?
- Wie hoch ist das zu bewältigende Druckvolumen?
- Welche Arten von Druck (Kettendruck, Qualitätsdruck, Formulardruck) gibt es?
- Wird auch kuvertiert, frankiert?
- Werden Daten verfilmt oder anderweitig dauerhaft archiviert?
- Welche Mengen an Papier müssen gelagert werden?

Batchverarbeitung

- Welche Batchabläufe werden prozessiert?
- Gibt es feste Batchlaufzeiten?
- Wie groß ist die Anzahl der Jobs?
- Welche Software und Planungssysteme werden eingesetzt?
- Ist der Batch zeitkritisch?
- Sind die Abläufe vollständig und aktuell dokumentiert?

Kapazitätsmanagement

- Wie hoch ist die derzeitige und geplante Auslastung der Maschinen (Großrechner, Server etc., Angaben in MIPS oder Auslastung in Prozent)?
- Wieviele Daten sind zentral oder dezentral gespeichert?
- Welche Kapazitätsmeßprogramme werden eingesetzt?

Service

- Gibt es verbindliche und dokumentierte Servicevereinbarungen?
- Wie sehen die Betriebszeit, Verfügbarkeit, Antwortzeit etc. aus?
- Gibt es Sondervereinbarungen für kritische Zeiten wie Jahresendverarbeitung?
- Welche Meßgrößen sind definiert?

Abb. 7.2 Fragenkatalog Ist-Aufnahme - Teil 4

7.2.2 Aufnahme Anforderungen

Eine detaillierte Beschreibung der Anforderungen an die Betriebsfunktionen ist genauso wichtig wie die Durchführung der zuvor beschriebenen Ist-Aufnahme. Im Prinzip kann der vorherige Fragenkatalog auch zur Ist-Aufnahme verwendet und pro genanntem Punkt die Forderung definiert werden. Die Aspekte in Abb. 7.3 sollten aber (zusätzlich) berücksichtigt bzw. definiert werden.

Anforderungen müssen an Geschäftsprozessen orientiert sein

Die Anforderungen sollten den Geschäftsprozessen und Bedürfnissen der Benutzer angemessen sein. Eine unnötige Erhöhung der Anforderungen kann eine signifikante Preiserhöhung zur Folge haben. Die Zeit, in der die Anbieter zur Marktabdeckung oder zum Markteintritt für sie unattraktive, teilweise sogar unprofitable Angebote gemacht haben, sind eindeutig vorbei. Profitraten, je nach Größe des Projekts zwischen 15 und 30 %, werden kalkuliert.

Bei einem Outsourcing-Projekt sollten auch qualitative Vorteile erzielt werden, ohne daß der Preis gleich ins Unermeßliche steigt. Solche Vorteile lassen sich oft bei der Erreichbarkeit erzielen, da professionelle Anbieter meistens über "Rund-um-die-Uhr"-Benutzerunterstützung oder -Rechenzentrumsbetrieb verfügen, ohne daß diese Kosten direkt an die Servicenehmer weitergegeben werden.

Servicegeber sollte Benutzerumfragen durchführen

Eine durchaus sinnvolle Frage ist auch, ob der Servicegeber regelmäßige Benutzerumfragen durchführt und wie er auf ein unter Umständen negatives Ergebnis reagiert.

Eine solche Befragung muß von einem unabhängigen Institut durchgeführt werden, da nur dann mit objektiven Ergebnissen zu rechnen ist. Dabei ist es ein Unterschied, ob die Benutzer selbst befragt werden oder der Projektbeauftragte des Servicenehmers. Letzteres erscheint sinnvoll, da dieser auch gewollte finanzielle Restriktionen kennt, die sich im Einzelfall negativ auf den Service auswirken könnten. Eine solche Befragung sollte auf Kosten des Servicegebers durchgeführt werden.

Umfang
- Auszulagernde Bereiche
- Beim Servicenehmer verbleibende Funktionen
- Funktionsübernahme durch Drittanbieter

Informationsweitergabe
- Grundsätzlich sollte der jeweilige Anbieter aufgefordert
  werden, seine Strategien zum Outsourcing ebenso offen-
  zulegen wie Erfahrungswerte und weitere Outsourcing-
  Aspekte, z.B.:
  - Kurzbeschreibung des Unternehmens und des
    Managementsystem (national/international)
  - Schwerpunkte des Outsourcing-Angebotes
  - Liste aller abgeschlossenen Outsourcing-Verträge
  - Laufzeiten aller Outsourcing-Verträge
  - Anteil des Outsourcing-Geschäftes am Umsatz
  - Anzahl der im Outsourcing beteiligten Mitarbeiter
  - Referenzkunden
  - Ergebnisse der Benutzerumfragen

Vetragsterminierung
- Vertragslaufzeit   - Projektstarttermin
- Übernahmetermin   - Ausweichtermin
- Kündigungsmöglichkeiten   - Probezeit

Personal
- Vorgesehene Personalübernahmen

Service Anforderungen (ggf. pro Anwendung)
- Verfügbarkeit   - Vorlaufzeiten bei
- Verfügbarkeitsmessung   Systemänderungen
- Verfügbarkeitsmeßpunkt   - Reaktionszeiten für
- Antwortzeitverhalten   Problembearbeitung
- Erreichbarkeit Benutzerunt.   - Prognostizierte
- Servicezeiten.   Rechnerleistungen
- Wartungsfenster   - Prognostizierte
- Anforderungen an Druck,   Plattenkapazitäten
  Verfilmung, Logistik, Plotten,   - Berichtswesen
  Batch   - MTtR (s. unten)
- Zeitkritische Anforderungen   - MTbF (s. unten)
- Anzahl der Ausfälle

Inventar/Hardware/Software
- Zu übernehmende Hardware/Software
- Mitspracherecht des Auftraggebers
- Übernahme sonstigen Inventars
- Hauptspeicheranforderungen
- Spezielle Hardware

Abb. 7.3 Anforderungskatalog - Teil 1

Vergütung
- Bevorzugte Zahlungsweise
- Kopplung an Geschäftsvorfälle des Auftraggebers
- Strafen bei Nichterfüllung des Services

Physische Sicherheit
- Permanente personelle Besetzung des zentralen Eingangs
- Kameraüberwachung von Toren, Zugängen, Gebäudefassaden
- Mechanische Sicherung durch Massivmauern und Zäune
- Elektronische Sicherungen (Erschütterungsmelder, Körperschallmelder, Infrarotmelder etc.)
- Funktionale Trennung von EDV-Einheiten
- Türen feuerhemmend, ein-, und durchbruchsicher, mit Kameraüberwachung, Sicherheitsschließung, Türschlußüberwachung, Einbruchsmelder, Zu- und Abgangskontrolle
- Blitzschutzanlage innen/außen
- Rechenzentrum gegen Wassereinbruch gesichert
- Zentrales Störungsmeldesystem
- Optische und akkustische Anzeige aller technischen Störungen im Rechenzentrum
- Eigene Stromversorgung
- Niederspannungseinspeisung mit Überspannschutz
- Unterbrechungsfreie Stromversorgung durch Diesel, Batterie
- Zu- und Abgangskontrolle durch Ausweisleser, Sprachanalyse, Unterschriftsanalyse, Fingerprintverfahren, Biometrisches Verfahren
- Zutritte zu Rechenzentrum über Personalvereinzelungsanlage, Schleuse, Magnetfelder o.ä.

Abb. 7.3 Anforderungskatalog - Teil 2

7.3 Ausschreibung

Der nächste Schritt ist die Ausschreibung. Dabei sind Ist-Aufnahme und Anforderungskatalog wesentliche Bestandteile. Prinzipiell können beliebig viele Anbieter angesprochen und zur Abgabe eines Angebotes aufgefordert werden. Es ist zu berücksichtigen, daß für die Angebotserstellung auch eine gewisse Unterstützung durch den Servicenehmer eingeplant werden muß. Die Ausschreibung kann auch über die einschlägigen Medien erfolgen. Die Zahl der Anbieter ist in diesem Fall nicht begrenzbar. Zur Erstellung der

Ausschreibung gezielt oder über einschlägige Medien

Angebote sollte ausreichend Zeit eingeräumt werden. Dabei müssen der Zeitplan und die weitere Vorgehensweise vom Servicenehmer vorgegeben werden. Die beim Servicenehmer ankommenden Angebote sollten durch eine zentrale Funktion, z.B. den
Einkauf, koordiniert werden.

7.4 Angebotsbearbeitung

Nachdem die Ausschreibung erfolgt ist, liegt es nun
am potentiellen Servicegeber, ein Angebot zu erstellen und dem Servicenehmer zu unterbreiten. Hier
sind folgende Schritte zu beachten:

- Angebotsvorentscheidung
- Angebotserstellung
- Angebotspräsentation
- Angebotsauswahl
- Angebotspräzisierung

7.4.1 Angebotsvorentscheidung

Bei der Angebotsvorentscheidung untersucht der
Anbieter, ob überhaupt ein Angebot auf die konkrete
Anfrage erstellt werden soll.

Fast alle Anbieter beantworteten diese Frage in
den vergangenen Jahren mit einem standardmäßigen
"Ja". Nach der Etablierung und Stabilisierung des
Outsourcing-Marktes ist eine intensivere Prüfung
gerade durch die großen Anbieter zu verzeichnen,
besonders wenn die Auftragsbücher durch andere
Aufträge gefüllt sind. Kriterien für die Entscheidung,
ob ein Angebot abgegeben werden soll, sind in Abb.
7.4 zusammengestellt.

Dabei untersucht der Anbieter auch, ob die Anfrage seriös ist oder ob durch Benchmarking lediglich die Konkurrenzfähigkeit untersucht werden soll.
Bei der Klärung dieser Fragen werden selbstverständlich die Vertriebsbeauftragten einbezogen, die
für den Servicenehmer verantwortlich sind.

Sollte der Servicegeber nach Abwägung dieser Kriterien zu einer negativen Entscheidung kommen, wird entweder kein Angebot erstellt oder aus geschäftspolitischen Gründen ein Scheinangebot abgegeben, welches wahrscheinlich nicht konkurrenzfähig ist. In der ersten Auswahlrunde fällt dieses Angebot dann heraus und der Aufwand für den Servicegeber hält sich im vertretbaren Rahmen, ohne daß er ein unter Umständen geschäftspolitisches Risiko eingeht.

Entscheidet er sich für die Abgabe eines ernsthaften Angebots, wird zunächst ein Grobangebot, oft auch "High-Level-Proposal" (HLP) genannt, erstellt.

7.4.2 Angebotserstellung

Natürlich stehen den etablierten Anbietern zur Erstellung eines HLPs eine Vielzahl von Werkzeugen zur Verfügung. Diese unterstützen insbesondere bei der Kalkulation des Endpreises in Verbindung mit den Entscheidungskriterien.

Es wäre allerdings für den Anbieter viel zu aufwendig, bereits im ersten Schritt ein maßgenau kalkuliertes Angebot zu erstellen.

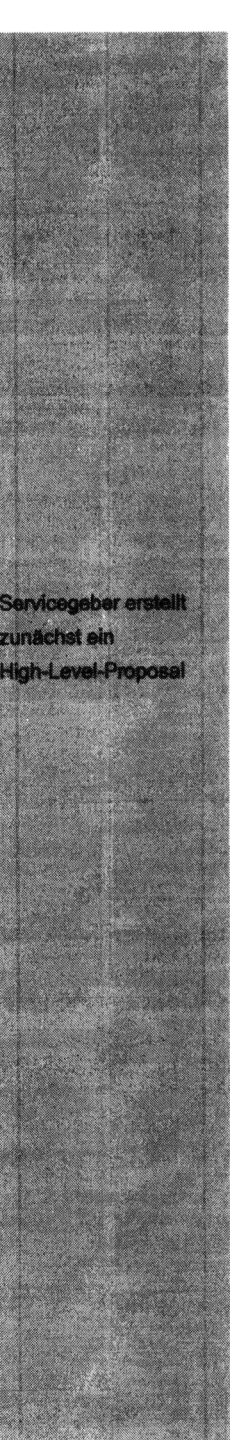

Servicegeber erstellt zunächst ein High-Level-Proposal

- Marktposition des Servicenehmers
- Auswirkungen auf den Servicegeber
- Bilanz (Umsatz, Gewinn/Verlust)
- Liquidität
- Vorausgesagte Geschäftsentwicklung
- Erfolg bisheriger geschäftlicher Verbindungen zwischen Servicegeber und Servicenehmer
- Motivation des Servicenehmers für Outsourcing
- Komplexität der Anforderungen
- Auftragslage des Servicegebers
- Benötigtes Know-how beim Servicegeber
- Prognostizierte Profitabilität
- Seriösität des Angebotes

Abb. 7.4 Entscheidungskriterien Angebotsabgabe

Preis wird anhand weniger Faktoren kalkuliert

Servicegeber kann ein zeitnahes Angebot unterbreiten

Vielmehr wird zunächst nach den folgenden Faktoren kalkuliert:

- Zu übernehmendes Inventar
- Benötigte Hardware (Rechner, Platten, PCs etc.)
- Zu übernehmende Software. Spezialanforderungen an Software, die der Anbieter neu oder exklusiv beschaffen muß
- Kosten des Personals (zu übernehmendes und beizustellendes)
- Wesentliche Serviceanforderungen, insbesondere umfangreiche Servicezeiten, die zu zusätzlichem Personaleinsatz führen
- Betriebskosten (Fläche, Strom etc.), falls ein Rechenzentrum verlagert wird
- Sonstige signifikante oder individuelle Sonderanforderungen

Die Kalkulation basiert selbstverständlich auf den Kundenangaben, die, wie beschrieben, oft unzureichend sind. Für die Ermittlung der Preise werden meistens Preistabellen verwendet, die immer auf aktuellem Stand gehalten werden. Mit dieser Methodik lassen sich die Kosten in den meisten Fällen mit einer hohen Wahrscheinlichkeit und vertretbarer Fehlertoleranz voraussagen. Der Vorteil dieser Methode liegt in einer sehr kurzen Bearbeitungszeit und der Möglichkeit, dem Servicenehmer ein zeitnahes Angebot unterbreiten zu können. Danach kann ein vertiefender Dialog beginnen, der dann die Feinkalkulation ermöglicht. Bei großen und sehr komplexen Outsourcing-Fällen ist dies natürlich nicht möglich. Die Datenerhebung und Kalkulation nimmt dann erheblich mehr Zeit in Anspruch.

Sollte sich der Servicenehmer für einen anderen Anbieter entscheiden und das eigene Angebot nicht weiter berücksichtigen, ist nicht zu viel Zeit (und Geld) verlorengegangen. Die Höhe des Angebotes ist dabei verständlicherweise von wesentlicher Bedeutung. Der Anbieter befindet sich in folgendem Dilemma: Zum einen muß sein Angebot gegenüber der Konkurrenz preislich attraktiv sein, zum anderen muß der Servicegeber davon ausgehen, daß er nur in

den wenigsten Fällen "nach oben" korrigieren kann.
Oft führt der Konkurrenzdruck in den Verhandlungen
sogar zu einer weiteren Reduzierung des Preises.

7.4.3 Angebotspräsentation

Das Grobangebot wird dem Servicenehmer nicht nur
schriftlich vorgelegt, sondern in entsprechendem Rahmen präsentiert. Hierbei handelt es sich um eine für
alle Beteiligte sehr wichtige Veranstaltung. Der Servi-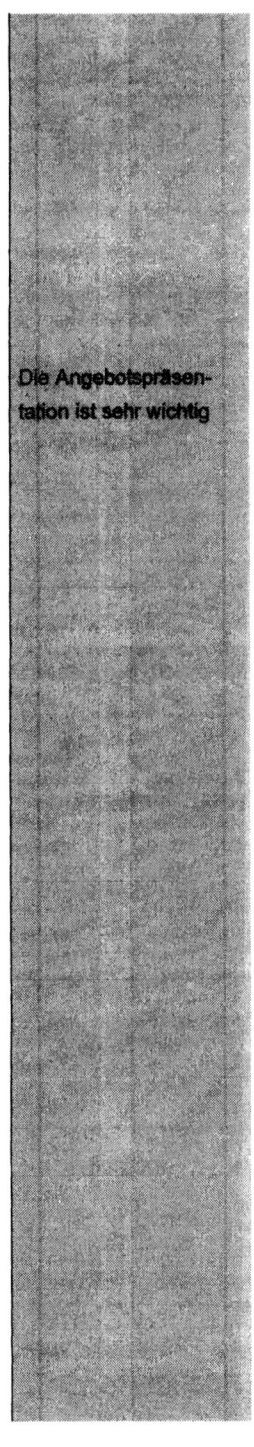
cenehmer möchte ein möglichst komplettes Bild über
die Möglichkeiten des Anbieters gewinnen. Für diesen ist es wiederum die wichtigste Gelegenheit, seine
Vorstellungen darzulegen. Für den Servicenehmer
stehen folgende Fragestellungen im Vordergrund:

Die Angebotspräsen-
tation ist sehr wichtig

- Wie werden die Ausschreibungsanforderungen er-
  füllt?
- Welche Ideen zur Lösung der IT-Probleme sind
  angedacht?
- Wie durchgängig ist das Angebot?
- Wie sieht die Personallösung des Anbieters aus?
- Wie individuell wird auf spezielle Anforderungen
  eingegangen?
- Wie hoch ist der Preis?
- Welche Angebotsinhalte sind kritisch?
- Wie seriös ist das Angebot?
- Wie hoch wird die Kompetenz des Anbieters
  eingeschätzt?

Aus Sicht des Servicegebers liegt der Schwerpunkt
auf folgenden Aspekten:

- Wie attraktiv ist das Angebot für den Serviceneh-
  mer?
- Wie gut werden die wesentlichen Ideen und Vor-
  schläge akzeptiert?
- Wie ist die Preisfindung verstanden worden?
- Wie hoch wird die eigene Kompetenz einge-
  schätzt?
- Wie ernst meint es der Servicenehmer?

Wichtig ist, daß bei der Präsentation eine von beiden Seiten offene und ehrliche Kommunikation geführt wird. Dies kann der Grundstein für eine vertrauensbasierte Zusammenarbeit in der Zukunft sein.

7.4.4 Angebotsauswahl

Hat der Servicenehmer alle Präsentationen gehört, so wird in aller Regel eine Vorauswahl auf ein bis maximal drei Anbieter getroffe mit denen weiterverhandelt werden soll. Hierbei gibt es drei Möglichkeiten:

- Der Servicenehmer verhandelt mit jedem ausgewählten Anbieter parallel und im Detail.
- Der Servicenehmer konkretisiert mit jedem ausgewählten Anbieter die Anforderungen und das Angebot und trifft auf dieser Basis die endgültige Entscheidung.
- Der Servicenehmer entscheidet sich direkt für einen Anbieter, mit dem er weiterverhandelt.

Der wesentliche Grund, sich für die erstgenannte Möglichkeit zu entscheiden ist, daß hier ein permanenter Druck auf die Anbieter erzeugt wird mit dem Ziel, möglichst viel an gewinnbringenden Konditionen zu erzielen. Ist erst einmal ein Anbieter ausgewählt, wird selten noch einmal gewechselt, und die Position des Servicegebers wird gestärkt.

Dieser Weg ist sehr aufwendig, denn die detaillierten Vertragsverhandlungen ziehen sich, je nach Ausmaß, über mehrere Monate hin und erfordern einen sehr hohen Aufwand, der in diesem Fall mehrfach erbracht werden muß.

Sollte sich auf der vertraglichen Seite nicht partnerschaftlich und unter Rücksichtnahme auf die gegenseitigen Probleme geeinigt werden, so ist ohnehin daran zu zweifeln, ob der richtige Partner ausgewählt wurde.

Außerdem ist das Ergebnis zweifelhaft und von daher eher zur zweiten Möglichkeit zu raten. Auch so können noch wesentliche betriebswirtschaftliche Verhandlungsergebnisse sichergestellt werden.

Servicenehmer trifft eine Vorauswahl

Parallele Verhandlungen sind für den Servicenehmer sehr aufwendig

Die dritte Möglichkeit bietet sich dann an, wenn sich ein Angebot deutlich als das Beste herausstellt und eine Konkretisierung der anderen nur wenig Aussicht auf Erfolg bietet.

Entscheidet man sich für die zweite oder dritte Variante, wird zu gegebener Zeit und nach einer Angebotspräzisierung die vorläufige Auswahl des potentiellen Partners getroffen und eine beidseitige Absichtserklärung geschlossen.

Der vorläufige Partner wird ausgewählt

7.4.5 Angebotspräzisierung

In dieser Phase werden die Grobangebote auf Basis der Ausschreibung konkretisiert. Ziel ist, alle relevanten Faktoren sowohl qualitativ als auch betriebswirtschaftlich zu erfassen.

Außerdem sollen die noch in der engeren Wahl befindlichen Angebote vergleichbar gemacht werden, um so die endgültige Auswahlentscheidung treffen zu können.

Angebote müssen vergleichbar sein

7.5 Vertragsverhandlungen

7.5.1 Letter of Intend

Die Absichtserklärung wird durch einen "Letter of Intent" (LOI) abgegeben. Dieser stellt zwar "nur" eine Absicht dar, die aber durchaus eine juristische Bedeutung haben kann.

Der LOI ist eine Absichtserklärung

Es handelt sich um ein formales Schreiben des Servicenehmers. Dieser bestätigt, daß er die Absicht hat, mit dem ausgewählten Anbieter detaillierte Vertragsverhandlungen einzugehen mit dem Ziel, einen entsprechenden Vertrag abzuschließen.

Außerdem wird in den meisten Fällen versichert, daß in dieser Zeit alle Verhandlungen mit anderen Anbietern abgebrochen bzw. keine neuen aufgenommen werden. Der letztgenannte Punkt ist für den Servicegeber wichtig.

Der Servicegeber fordert ab diesem Zeitpunkt eine Vergütung seiner weiteren Aufwendungen, denn bisher hat er im Rahmen der Akquisition kostenlos gearbeitet und erhebliche Vorleistungen erbracht.

Diese Forderung ist zwar verständlich, der Servicenehmer sollte sich darauf jedoch nicht einlassen, da er sich in eine beginnende betriebswirtschaftliche Abhängigkeit begeben würde, die eine Umkehr auf den einmal eingeschlagenen Weg von Tag zu Tag schwieriger machte.

Die juristische Bedeutung des LOIs ist eingeschränkt

Die juristische Bedeutung ist sehr eingeschränkt, aber immerhin verpflichtet sich der Auftraggeber zu einer zeitlich befristeten Einschränkung auf einen Anbieter. Diese kann er aber jederzeit wieder formal lösen, indem er dem Anbieter das Scheitern der Verhandlungen mitteilt.

Bei der Formulierung dieses Dokumentes sollte in jedem Fall ein Jurist seitens des Servicenehmers hinzugezogen werden.

Nach der Erstellung des LOI beginnen die detaillierten Vertragsverhandlungen.

7.5.2 Allgemeines

Juristische Aspekte sollen hier nicht in ihrer gesamten Tiefe behandelt werden. Es ist aber sinnvoll, daß wesentliche juristisch relevante Bereiche in ihren Grundzügen angesprochen werden. Folgendes sollte beachtet werden:

Einbeziehung von Juristen

Juristen sind einzubeziehen

Wenn das Projekt umfassender ist und nicht nur einzelne Komponenten, sondern ganze Bereiche der EDV betrifft, sollte der Servicenehmer in jedem Fall einen in Outsourcing-Fragen spezialisierten Rechtsanwalt hinzuziehen.

Die rechtlichen Fragestellungen sind dabei teilweise so komplex, daß selbst innerhalb des Unternehmens vorhandene Rechtsabteilungen häufig überfordert sind. An dieser Stelle sollte nicht versucht werden, Beraterkosten zu sparen.

Verhandlungstrennung

Die Vertragsverhandlungen bestehen im wesentlichen aus zwei unterschiedlichen Teilen: einem rein juristischen und einem informationstechnischen Teil. Es empfiehlt sich, die beiden Teile zunächst getrennt und erst in der letzten Phase als Einheit zu betrachten. Dies hat den Vorteil, daß sich die jeweiligen Expertengruppen unabhängig voneinander über ihre jeweilgen Fachgebiete einigen können. Wenn ein entsprechender Vorschlag erarbeitet wurde, können die weiteren Verhandlungen zusammen geführt werden.

Es ist aber immer sicherzustellen, das ein Managementsystem existiert, daß rechtzeitig Probleme erkennt und korrigiert, bevor die Verhandlungen in eine Sackgasse geraten. Dazu bietet sich ein Lenkungsausschuß (s. auch Abb. 8.1) an, dem die wesentlichen Entscheidungsträger angehören, und der regelmäßig den Fortgang der Verhandlungen prüft und ggf. strittige Punkte entscheidet.

Rollenverteilung

An verschiedenen Stellen dieses Buches wird auf die unabdingbare Voraussetzung der partnerschaftlichen Zusammenarbeit hingewiesen. Für die Vertragsverhandlungen gilt dies nur eingeschränkt. Der Vertrag muß detailliert das Szenario festhalten und selbst die kleinsten und sensibelsten Fragestellungen klären.

Erfahrungsgemäß wird hart verhandelt, und manchmal werden sehr kontroverse Positionen eingenommen. Daher erscheint es ratsam, daß die Verhandlungsführer nicht die Personen sind, die später den Vertrag als Projektbeauftragte umsetzen sollen. Es dürfen nicht bereits in einer so frühen Phase persönliche Animositäten aufkommen. Ungeachtet dessen, müssen die späteren Projektverantwortlichen kontinuierlich über den Verhandlungsstand informiert werden. Es bietet sich an, sie als Teilnehmer des Lenkungsausschusses zu definieren, um ihre spätere Rolle frühzeitig nach außen deutlich zu machen.

Es ist noch auf einen weiteren, wichtigen Punkt hinzuweisen. Der Verhandlungsbevollmächtigte des Servicenehmers soll ein juristisch wie betriebswirt-

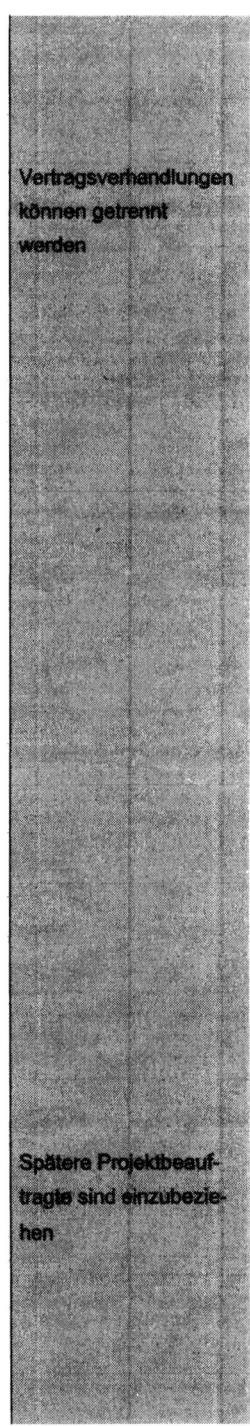

Vertragsverhandlungen können getrennt werden

Spätere Projektbeauftragte sind einzubeziehen

Verhandlungsführer des Servicenehmers sollte später bei ihm bleiben

Ein gemeinsamer Projektplan ist zu erstellen

Die Übernahmephase ist eine Doppelbelastung für die Mitarbeiter

schaftlich möglichst optimales Ergebnis, für diesen verhandeln. Das geht aber nur dann, wenn er auch nach Projektabschluß beim Servicenehmer bleibt und nicht "outgesourct" wird.

Sein Eifer würde stark gedämpft, wenn er sich wenige Wochen später auf der "Gegenseite" wiederfände und dort verantworten müßte, was man vorher für die andere Seite verhandelt hat. Hier hat das höhere Management des Servicenehmers die Aufgabe, seinem Verhandlungsführer frühzeitig eine entsprechende Perspektive im Unternehmen zu geben.

Projektplan
Noch bevor die Verhandlungen richtig beginnen, muß sich auf einen gemeinsamen Projektplan, insbesondere die zeitlichen Ziele verständigt werden. Der Servicenehmer sollte den Erfahrungswerten des Servicegebers zumindest von der Tendenz her Glauben schenken, da dieser schon eine Vielzahl von ähnlichen Projekten durchgeführt hat.

Die Vertragsverhandlungen können sich, je nach Größe und Komplexität des Projektes, über Monate hinziehen. Eine realistische Zeitplanung unter Berücksichtigung von kritischen Geschäftprozeßperioden des Servicenehmers hilft, das Projekt vernünfig durchzuführen. Insbesondere muß die Doppelbelastung der Mitarbeiter berücksichtigt werden. Oft stehen diese in kritischen Perioden gar nicht für dringend benötigte Transferarbeiten, Dokumentationen etc. zur Verfügung. Es ist weiterhin zu klären, ob mit der Vorbereitung des Transfers bereits begonnen werden soll, während die Verhandlungen noch laufen. In den allermeisten Fällen ist dies ratsam, da ansonsten sehr viel produktiv nutzbare Zeit verlorengeht.

Beide Parteien haben ein berechtigtes Interesse daran, das Projekt so schnell wie möglich durchzuführen, wenn erst einmal die Entscheidung zum Outsourcing gefallen ist. Die Übernahmephase stellt, nicht zuletzt wegen der Doppelbelastung und der ungewissen Zukunft für die Mitarbeiter, eine nicht zu unterschätzende Unsicherheit dar.

Es empfiehlt sich hier aber, Projektkontrollpunkte einzuplanen, um zu überprüfen, ob sich die Übernahmeaktivitäten nicht von den Verhandlungsfortschritten bei den Vertragsverhandlungen abkoppeln. Aus Sicht des Servicegebers werden hier erhebliche Ressourcen gebunden.

Erhebliche Ressourcen werden gebunden

Dies ist nur gerechtfertigt, wenn die Verhandlungen einen positiven Verlauf nehmen und der konkrete Abschluß zunehmend wahrscheinlich wird.

7.5.3 Vertragslaufzeit

Der Zeitraum, für den der Outsourcing-Vertrag abgeschlossen werden soll, ist bereits frühzeitig im Projektplan festzulegen, da er auch für die Angebotskalkulation wesentlich ist. Die übliche Laufzeit solcher Verträge liegt zwischen drei und zehn Jahren. Eine Vertragsdauer von weniger als drei Jahren ist bei der Komplexität eines Outsourcing-Projekts in fast allen Fällen unwirtschaftlich. Größere Verträge werden erfahrungsgemäß über längere Zeiträume abgeschlossen.

Die Vertragslaufzeit liegt zwischen drei und zehn Jahren

Je länger die Laufzeit, desto schwieriger ist natürlich eine Prognose der technischen Entwicklung und des Bedarfs an Hard- und Software, so daß eine Überarbeitung des Vertrages während der Laufzeit sehr wahrscheinlich wird.

7.5.4 Juristische Aspekte

Im folgenden wird von einem "echten" Outsourcing an einen außenstehenden Anbieter ausgegangen (Externes Facility Management). Die gesetzlichen Aspekte beim sogenannten "Inhouse-Outsourcing" (Internes Facility Management) können verschieden sein. Auf diesen Aspekt wird nicht eingegangen. In Abb. 7.5 sind die juristischen Schwerpunkte eines Outsourcing-Vertrags zusammengefaßt.

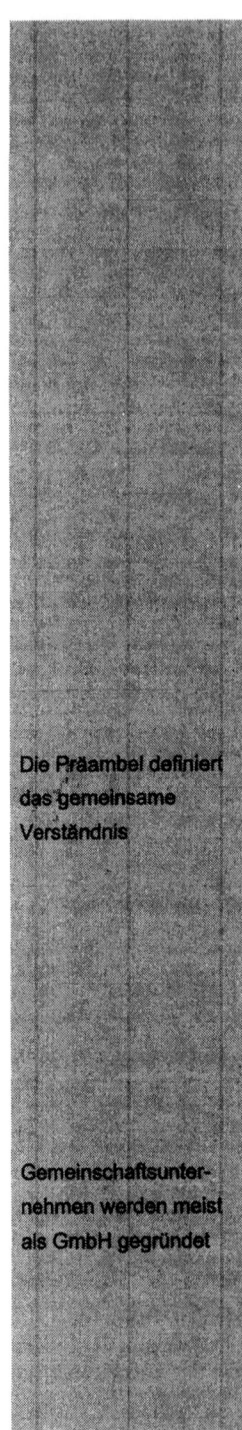

• Präambel	• Kündigung
• Gesellschaftsform	• Übernahme Inventar
• Allgemeine Geschäftsbe-	• Hardware
dingungen	• Software
• Genehmigung	• Leasingverträge
Bundeskartellamt	• Lizenzverträge
• Verzugsklausel	• Personalübernahme
• Haftung, Schadensersatz	• Beschreibung Technik
• Gewährleistung	

Abb. 7.5 Inhaltliche Schwerpunkte des Outsourcing-Vertrags

Präambel

Da der Outsourcing-Vertrag ein sehr komplexes Werk ist, dessen Laufzeit im allgemeinen zwischen drei und zehn Jahren liegt, kann nicht vorhergesagt werden, wie sich die aktuelle Situation im Vergleich zum Vertrag entwickeln wird. Die heutige Situation zeigt, daß ein Großteil der Verträge während ihrer Laufzeit intensiv überarbeitet und an die aktuellen Gegebenheiten angepaßt werden müssen. Es ist daher sinnvoll, aus Kundensicht die Absichten und Zielsetzungen des Outsourcing vorab zu definieren. Bei eventuellen juristischen Streitigkeiten kann so das ursprüngliche gemeinsame Verständnis besser belegt werden, insbesondere wenn die einstigen Verhandlungsführer dann nicht mehr verfügbar sind.

Gesellschaftsform

Es ist ein juristischer Unterschied, ob der zukünftige Betrieb aus dem Unternehmen des Servicegebers selbst gegeben, einer Tochtergesellschaft übertragen oder ob zum Zwecke der Vertragserfüllung eine gemeinsame Firma gegründet wird, an welcher der Servicenehmer beteiligt ist. In der Regel wird es sich bei letzterem um eine GmbH handeln, an der beide Vertragspartner einen bestimmten Prozentanteil halten. Die Frage, wer wieviel Stammkapital einbringt, ist dabei von Bedeutung. Wichtiger ist aber die Frage, welcher Vertragspartner die Anteilsmehrheit erhält. Aus Sicht des Servicegebers ist es dabei wesentlich, mehrheitsberechtigt zu sein, um sicherzustellen, daß

Die Präambel definiert das gemeinsame Verständnis

Gemeinschaftsunternehmen werden meist als GmbH gegründet

er in kritischen Fragen die Entscheidungshoheit hat.
Diese wiederum kann durch diverse Vetorechte des
Servicenehmers, zum Beispiel wenn es um Verlagerung von Rechenzentren oder Entlassungen geht, beschränkt sein.

Solche Gemeinschaftsunternehmen sind durchaus
üblich, insbesondere da die strategische Partnerschaft
eine zunehmende Bedeutung beim Outsourcing spielt.
Die Geschäftsleitung wird meist paritätisch besetzt,
wobei der Vorsitz beim Mehrheitseigner liegt. Die
rechtlichen Fragen, insbesondere auch Haftung und
Gewährleistung, sind in einem solchen Fall anders zu
betrachten, als wenn der Servicegeber alleine verantwortlich ist.

Im weiteren wird davon ausgegangen, daß der Servicenehmer nicht gesellschaftsrechtlich am Vertragspartner beteiligt ist.

Allgemeine Geschäftsbedingungen

Unter "Allgemeinen Geschäftsbedingungen" (AGB)
wird das "Kleingedruckte" in jedem geschlossenen
Vertrag verstanden.

Häufig sind hier Vereinbarungen getroffen, die
demjenigen, der den Vertrag abschließt, in ihrer Tragweite gar nicht bekannt sind. Im privaten Bereich
kommt dies leider häufig vor und ist bei einem
Rechtsstreit oft mit unangenehmen Überraschungen
verbunden.

Um die Regeln von Allgemeinen Geschäftsbedingungen zu definieren, gibt es das Gesetz über Allgemeine Geschäftsbedingungen (AGB-Gesetz). Die Regelungen des AGB-Gesetzes sind komplex. Dies gilt
schon bei einfachen Kauf- oder Mietverträgen, aber
noch viel mehr bei so komplexen Werken wie
Outsourcing-Verträgen. Auch die Rechtsprechung
nach dem AGB-Gesetz ist sehr differenziert und
schwer zu kalkulieren, z.B. im Bereich von Haftungs-
beschränkungen, Freiheit von Mängeln etc.

Diesem Problem kann aus dem Weg gegangen
werden, indem auch Standardklauseln, die normalerweise Bestandteil der AGBs sind, in den Vertrag einbezogen sind und so gänzlich auf AGBs verzichtet

Gemeinschaftsunter-
nehmen sind üblich

Die Regeln des AGB-
Gesetzes sind komplex

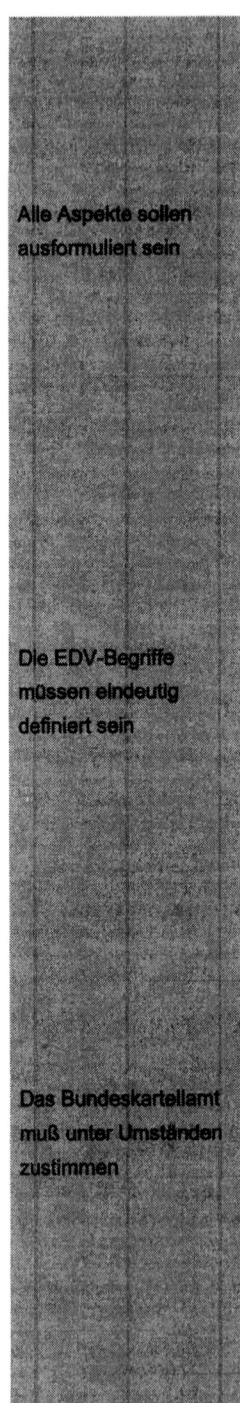

Alle Aspekte sollen
ausformuliert sein

Die EDV-Begriffe
müssen eindeutig
definiert sein

Das Bundeskartellamt
muß unter Umständen
zustimmen

werden kann. Gesetzlich ist dies gemäß §1 AGB zulässig, denn Allgemeine Geschäftsbedingungen liegen nicht vor, wenn die Vertragsbedingungen zwischen der Vertragspartnern im einzelnen ausgehandelt sind.

Im übrigen gilt hier das gleiche für die Juristen, was im Kapitel 7.6 auf die EDV-Fachleute ausgeführt wird: Ein klar ausformuliertes Verständnis über alle Details kann Mißverständnisse vorab klären.

Beschreibung Technik

Um den Juristen die teilweise sehr komplexe EDV-Welt, insbesondere die Terminologie, näherzubringen, sollte der technische Inhalt sehr genau beschrieben werden: Wie sieht das Informationssystem aus? Welche Anwendungen werden betrieben? Welche Meßgrößen werden verwendet? Wie sind diese formal definiert?

Hier zeigt sich, daß bei Nachfragen nicht einmal die EDV-Experten die genaue Verwendung der Begriffe verstehen oder, noch öfter, unterschiedliche begriffliche Definitionen verwenden. Häufig geschieht das bei vertragskritischen Begriffen wie Verfügbarkeit, Performance oder Auslastung und Mehrverbrauch. Die endgültige Formulierung der EDV-Begriffe kann zunächst der Technichen Arbeitsgruppe übertragen werden und wird auch dort zur Verständnisklärung beitragen.

Genehmigung Bundeskartellamt

Je nach Größe und Umfang des Projekts sowie in Abhängigkeit von der Marktposition der Vertragspartner ist frühzeitig das Bundeskartellamt um Genehmigung zu ersuchen. Sollte zweifelhaft sein, ob die Zustimmung erforderlich ist, so sollte sie vorsichtshalber eingeholt werden. Die Erteilung derselben ist aber ein zeitraubender Vorgang, und es ist zu empfehlen, die Genehmigung frühzeitig zu beantragen.

Verzugsklausel

Eine wichtige Frage ist, was geschieht, wenn der gemeinsam definierte Projektplan in Verzug gerät. Meistens ist dies für den Servicenehmer, manchmal aber auch für den Servicegeber kritisch. Dies ist der Fall, wenn zum Transfer aufgrund kritischer Geschäftsprozesse nur enge Übernahmefenster zur Verfügung stehen, die verpaßt werden. Vor pauschalen Regelungen, z.B. Verzugsstrafen pro Tag, ist zu warnen. Eine Vereinbarung muß in jedem Fall getroffen werden, auch wenn man sich auf einen vernünftigen Zeitplan geeinigt hat. Das betriebswirtschaftliche Risiko muß dabei die Basis für die mögliche Höhe der Verzugsstrafe sein. Außerdem sollte sich der Servicenehmer bei einer angemessenen Fristsetzung nach Eintritt des Verzugs ein außerordentliches Kündigungsrecht einräumen.

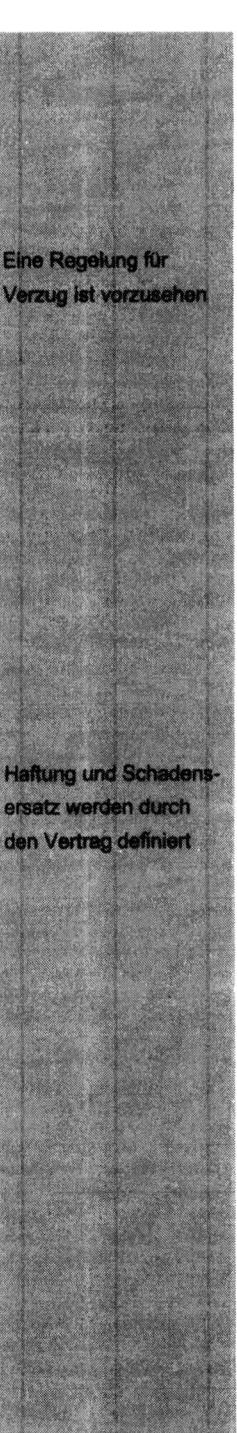

Eine Regelung für Verzug ist vorzusehen

Haftung, Schadensersatz
Hierbei handelt es sich in aller Regel um einen der kritischsten Punkte der Vertragsverhandlungen. Die Interessenslage ist sehr gegensätzlich. Da der Aspekt der Haftung bzw. des Schadensersatzes ohnehin nur dann zum Tragen kommt, wenn das Projekt kurz vor dem Scheitern steht, hilft hier auch kein Hinweis auf die partnerschaftliche Zusammenarbeit. Der Servicenehmer geht ein großes geschäftliches Risiko ein, wenn Teile oder sogar die gesamte EDV an Dritte abgegeben werden.

Haftung und Schadensersatz werden durch den Vertrag definiert

Fast jedes Unternehmen ist heute zur Erreichung seiner Ziele mehr oder weniger direkt von der EDV abhängig. Ein Fehlschlagen des Projektes oder eine nennenswerte Nicht-Erbringung der vertraglich vereinbarten Leistungen kann erhebliche Schäden für den Servicenehmer zur Folge haben. Hierbei ist zwischen zwei Arten zu unterscheiden:

1. Direkte Schäden
Es handelt sich um unmittelbar meßbare Schäden, die sich zum Beispiel direkt auf die Arbeitszeiten von Mitarbeitern auswirken können. Meist ist diese Schadensform in ihrer Auswirkung relativ gering.

2. Indirekte Schäden
Diese Schäden sind i.d.R. nur schwer meßbar. Sie entstehen zum Beispiel durch verspätete Auslieferung von Produkten und dadurch bedingte Regressforder-

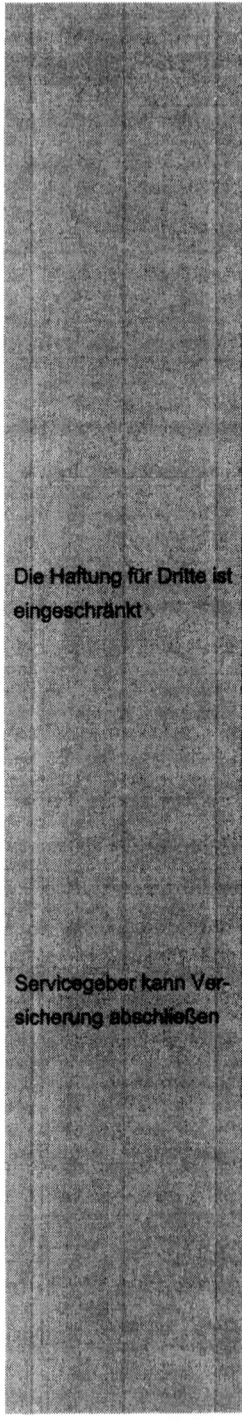

Die Haftung für Dritte ist eingeschränkt

Servicegeber kann Versicherung abschließen

ungen. Imageverluste sind häufig die Folge. Die Tragweite ist demnach im Vergleich zu den direkten Schäden höher anzusiedeln. Der Servicenehmer hat also ein berechtigtes Interesse, die Haftung so hoch wie möglich zu definieren. Ein zu hoher Haftungsbetrag kann aber beim Eintreten eines Schadensfalls zum unmittelbaren Konkurs des Servicegebers führen.

Wird das Outsourcing-Projekt über eine Tochtergesellschaft des Anbieters abgewickelt, so sollte der Servicenehmer eine Bürgschaft der Muttergesellschaft verlangen, um im Falle eines Konkurses der Tochtergesellschaft seine Ansprüche gegen die Muttergesellschaft richten zu können. In vielen Punkten, z.B. bei der Software, ist der Servicegeber selbst durch die Haftung Dritter (z.B. Softwareherstellern) gebunden. In solchen Fällen kann seine Haftung nur eingeschränkt sein. Für Fehler der vom Servicenehmer selbst entwickelten und bereitgestellten Software wird der Servicegeber gar nicht haften.

Unter Berücksichtigung der gesetzlichen Regelungen, z.B. der unausschließbaren Haftung bei grober Fahrlässigkeit, sind die Haftungsparameter entsprechend Abb. 7.6 zu definieren. Zum letztgenannten Punkt "Betragsbeschränkung für Haftung" hat sich die Koppelung der Haftungsbeschränkung an die Jahresbetriebsgebühr als sinnvoll erwiesen. Es ist nicht unwesentlich zu erwähnen, daß der Servicegeber sich gegen solche Haftungsrisiken in gewissem Umfang versicherungstechnisch abdecken kann. Der Servicenehmer sollte Wert darauf legen, daß dies auch geschieht.

- Definition Schadenspotential
- Umfang Haftung bei Schadensausmaß
- Ausgeschlossene bzw. eingeschränkte Haftungsbereiche
- Grenzwerte für Haftungsfälle (z.B. Obergrenze pro Jahr)
- Betragsbeschränkung für Haftung

Abb. 7.6 Haftungsparameter

Gewährleistung

Bei Outsourcing-Verträgen, deren wesentlicher Inhalt eine Dienstleistung ist, kann die Gewährleistung nicht, wie z.B. beim Kauf eines Autos, zeitlich befristet werden. Der Servicegeber ist immer zur vollständigen, fehlerfreien Leistung verpflichtet. Üblicherweise wird dem Servicegeber beim Auftreten von Fehlern eine Frist gesetzt, innerhalb derer er die Fehler zu beseitigen hat. Juristisch gesehen sollte sich der Servicenehmer bei Nichtbeseitigung der Fehler in angemessener Frist ein außerordentliches Kündigungsrecht explizit einräumen. Auch hier gilt, daß die Gewährleistung ggf. an die Gewährleistungsregelungen Dritter (z.B. bei Software) gekoppelt sein kann. Es ist zu überlegen, ob der Servicegeber seinerseits solche Gewährleistungsansprüche gegenüber Dritten formal an den Servicenehmer abtritt. Die oben beschriebene Haftung sollte in jedem Fall von der Gewährleistungsregelung unberührt bleiben. Sowohl für die Haftung wie auch für die Gewährleistung ist dringend erforderlich, die Vereinbarungen und Regelungen bis ins Detail im Vertrag festzuhalten, auch wenn generelle Regelungen in verschiedenen Gesetzen sinngemäß das gleiche aussagen.

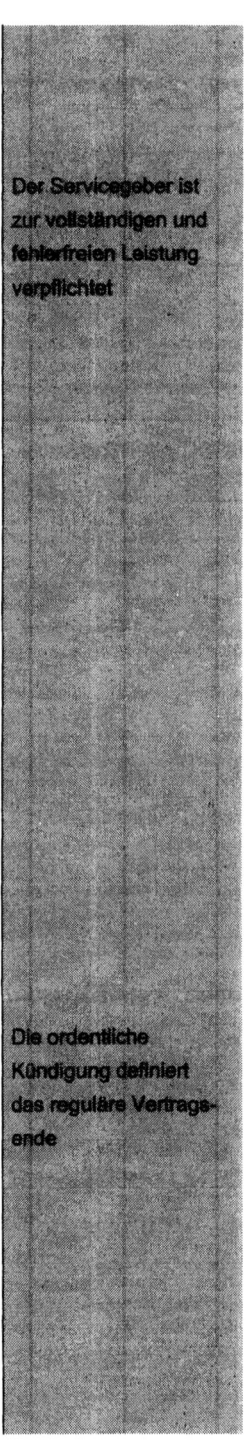

Der Servicegeber ist zur vollständigen und fehlerfreien Leistung verpflichtet

Kündigung

Im Falle einer Kündigung können zwei Formen unterschieden werden:

1. Ordentliche Kündigung
Bei der ordentlichen Kündigung wird ein Vertrag regulär beendet. Wesentlich sind hierbei der Kündigungszeitpunkt und die Kündigungsfrist. Der Servicegeber wird aufgrund erheblicher finanzieller Vorleistungen, eine schnelle Kündigung nach ein oder zwei Jahren nicht zulassen. Er hat das Bestreben, eine ordentliche Kündigung erst zum Ende der Vertragslaufzeit einzuräumen. Für den Servicenehmer, der auch unzufrieden sein kann, wenn die Bedingungen einer außerordentlichen Kündigung nicht gegeben sind, ist dies nicht akzeptabel. Das kann der Fall sein, wenn die entstandenen Kosten des Vertrages wesentlich höher liegen als ursprünglich geplant. Es muß sich also

Die ordentliche Kündigung definiert das reguläre Vertragsende

Außerordentliche
Kündigungen bei
schwerwiegenden
Mängeln

Inventarübernahme
muß genau geregelt
werden

auf einen Kompromiß geeinigt werden. Der Servicenehmer ist hier im Vorteil, denn wenn der Servicegeber von der Qualität seiner Arbeit überzeugt ist,
braucht er sich um diese theoretische Möglichkeit
keine Gedanken zu machen. Im Zweifelsfall ist er also im argumentativen Zugzwang. Bei Verträgen, deren Laufzeit etwa fünf Jahre beträgt, ist eine ordentliche Kündigung zum Ablauf des dritten Vertragsjah-
res realistisch. Eine vorzeitige, ordentliche Kündigung kann mit einer finanziellen Ausgleichszahlung
an den Servicegeber gekoppelt sein, um dessen finanzielle Anlaufverluste ganz oder teilweise auszugleichen.

2. Außerordentliche Kündigung

Ein außerordentliches Kündigungsrecht sollte in jedem Fall für schwerwiegenden Verstoß gegen die
vertraglichen Leistungen vereinbart werden. Das
Recht zur fristlosen Kündigung muß sich der Servicenehmer für den Fall sichern, daß nach angemessener Fristsetzung schwerwiegende Mängel nicht behoben wurden. Es ist aber wichtig, eine außerordentliche Kündigung auch für den Fall der wiederholten
Nichterreichung des vereinbarten Service zu sichern,
ungeachtet der Schäden, die für den Servicenehmer
faktisch entstehen. Auch hier gilt: Ist der Servicegeber zu unnachgiebig, so ist die Frage zu stellen, wie
sehr er davon überzeugt ist, die vertraglich vereinbarten Leistungen tatsächlich erreichen zu können.

Übernahme von Inventar

Die Übernahme von Inventar muß ebenfalls klar geregelt werden. Im folgenden wird davon ausgegangen, daß der Servicenehmer Eigentümer des Inventars ist, daß dieses also nicht geleast wird. Im Vertrag
ist genau aufzuführen, welche Gebäude, welches Mo-
biliar und welche Maschinen vom Servicenehmer
übernommen werden sollen. Wie Abb. 7.7 zeigt, gibt
es im Prinzip zwei Möglichkeiten, den Übernahmepreis festzulegen. Die Entscheidung muß fallweise
getroffen werden, wobei zu berücksichtigen ist, daß
der Servicegeber die ggf. entstehenden Mehrkosten

- **Restbuchwert**
  Dieser ist eindeutig definiert und wird daher auch häufig herangezogen. Bei PCs ist er aber oft höher als der Marktwert.

- **Marktwert**
  Eine eindeutige Festlegung ist hier nur schwierig zu erreichen. Bei Übernahme von Gebäuden und Grundstücken liegt der Marktwert in der Regel um ein Vielfaches über dem Restbuchwert.

Abb. 7.7 Möglichkeiten Übernahmepreis

im Preis abbilden und damit wieder an den Servicenehmer weitergeben wird. Es sind auch steuerrechtliche Aspekte zu berücksichtigen. Liegt z.B. der Marktwert über dem Restbuchwert, muß der bei der Übertragung entstehende Gewinn vom Servicenehmer versteuert werden. Bei der Klärung dieser Aspekte sollten auf jeden Fall Steuerexperten hinzugezogen werden.

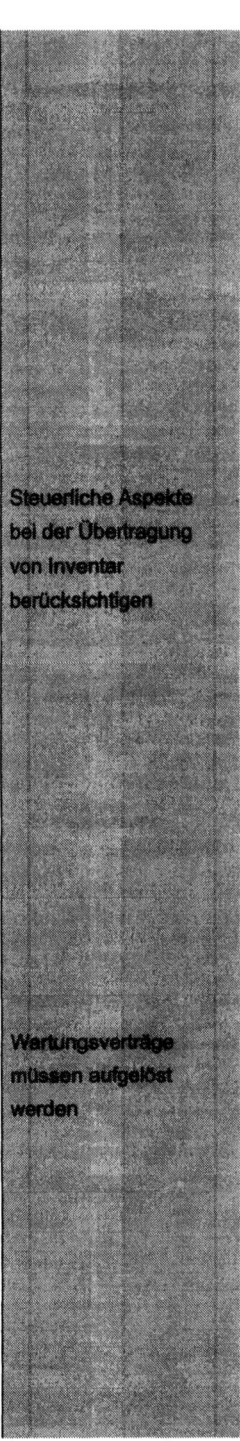

Steuerliche Aspekte bei der Übertragung von Inventar berücksichtigen

Handelt es sich um vom Servicenehmer gekaufte Software, gilt sinngemäß das gleiche wie bei der Hardware. Der Softwarehersteller kann dann den Verkauf und die Nutzung durch den Servicegeber normalerweise nicht verbieten, da es sich um vom Servicenehmer erworbenes Eigentum handelt. Es sei denn, dies ist explizit im Kaufvertrag oder durch die AGBs ausgeschlossen, wie das z.B. durch die Festlegung von Geltungsbereichen in Konzernverträgen häufig geschieht. Es ist auch zu klären, was mit möglicherweise vorhandenen Wartungsverträgen passiert. Wird die Software an den Servicegeber verkauft, muß der Wartungsvertrag, der ja zwischen Softwarehersteller und dem Servicenehmer geschlossen ist, aufgelöst und vom Servicegeber bei Bedarf neu geschlossen werden. Dies kann z.B. durch geänderte finanzielle Konditionen des Herstellers oder durch den Einsatz der Software auf einem größeren Rechner mit anderer Prozessorgruppe teuer werden.

Wartungsverträge müssen aufgelöst werden

In diesem Fall sind Verhandlungen mit dem Softwarehersteller sinnvollerweise durch den Servicegeber zu führen. Der genaue, individuell zutreffende

Sachverhalt ist durch einen Juristen zu klären. Eine Regelung ist auch für die Fälle zu treffen, in denen Software für den Servicenehmer entwickelt wurde, ohne daß dieser ein ausschließliches Nutzungsrecht hat. Wurde die Software vom Servicenehmer selbst entwickelt, stellt sich die Situation natürlich einfacher dar. Dann wird der Servicenehmer dem Servicegeber ein nicht ausschließliches Nutzungsrecht übertragen. Dieses sollte auf die Erfüllung des konkreten Vertrages beschränkt sein, es sei denn, der Servicegeber soll diese Software auch an Dritte vermarkten. Für diesen Fall sind alle Regelungen, z.B. finanzielle Beteiligungen, Höhe der Lizenzkosten etc. festzulegen.

Leasingverträge
Leasingverträge betreffen in den meisten Fällen den Inventarbereich, z.B. bei der Nutzung von großen Rechnern oder Gebäuden. Der Leasingvertrag kann von Servicenehmerseite aufgelöst werden. Er muß sich dafür vom Leasinggeber ein Auflösungsangebot unterbreiten lassen. Dies kann selbstverständlich nur der Servicenehmer als Vertragspartner des Leasinggebers selbst tun. Jeder, der schon einmal einen Leasingvertrag vorzeitig aufgelöst hat, weiß, daß dies recht kostspielig ist. Die Kosten muß der Servicegeber dann übernehmen, was er aber wiederum durch den Preis weitergeben wird. Soll der Leasingvertrag vom Servicegeber übernommen werden, so ist in jedem Fall die Zustimmung des Leasinggebers erforderlich, sofern sich der Servicenehmer bei Abschluß des Leasingvertrags das Einverständnis nicht vorab gesichert hat.

Lizenzverträge und Mietverträge
Ist die vom Servicenehmer eingesetzte Software nicht gekauft, sondern lediglich lizenziert, so kann eine Übergabe der Software an den Servicegeber nur mit Einverständnis des Softwareherstellers geschehen. In diesem Fall muß der Lizenzvertrag auf den Servicegeber übertragen werden. Ob es dann bei der bisherigen Zahlungshöhe bleibt, ist unklar, da z.B. der Einsatz auf größeren Maschinen geplant sein kann und

sich die Lizenzhöhe im Großrechnerbereich in vielen
Fällen nach der Prozessorgruppe richtet. Hier ist der
Servicegeber gefordert, mit dem Softwarehersteller
vernünftige Konditionen für die Übertragung auszu-
handeln.

Eine andere Möglichkeit ist, daß der Servicenehmer weiterhin Lizenznehmer bleibt und sich vom Lizenzgeber nur das Recht sichert, die Software auf Maschinen des Servicegebers einzusetzen. Die grundlegende Problematik der ggf. höheren Lizenzgebühren bleibt aber gleich.

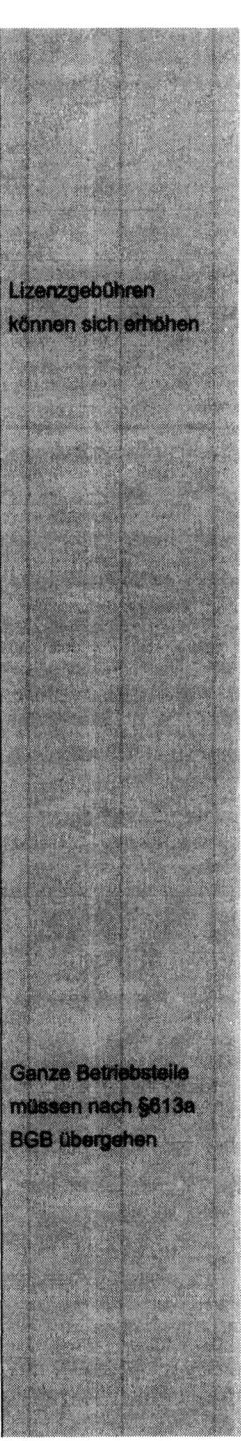

Lizenzgebühren können sich erhöhen

In der Vergangenheit gab es mit einzelnen Softwareherstellern Probleme beim Übergang von Lizenzverträgen auf Servicegeber. Der Übertragung wurde nicht zugestimmt und der Abschluß eines neuen Vertrages nach neuen Konditionen verlangt. Wenn dies auch heute nicht mehr in dem Maße der Fall ist, sollte bereits frühzeitig darauf geachtet werden, zumal das Projekt zeitlich in Verzug geraten kann. Der offizielle Anstoß, z.B. ein Schreiben an den Softwarehersteller, muß vom Servicenehmer kommen, ggf. unter Mithilfe des Servicegebers.

Personalübernahme

Die menschlichen Aspekte des relevanten §613a BGB (Abb. 7.8) sind bereits diskutiert worden. Seine Auslegung und die einschlägigen Gerichtsurteile füllen mittlerweile ganze Bücher. Die aktuelle Gesetzgebung ist in diesem Bereich restriktiv und arbeitnehmerorientiert.

In der Praxis ist wichtig zu wissen, daß ganze Organisationseinheiten oder Betriebsteile gemäß §613a BGB übergehen müssen. Alle Mitarbeiter, z.B. einer Abteilung, werden also in die Organisation des Servicegebers übertragen.

Ganze Betriebsteile müssen nach §613a BGB übergehen

Wird eine Ausnahme gemacht, z.B. weil bei dem betreffenden Mitarbeiter Tätigkeiten wahrgenommen werden, die nicht ursächlich der EDV zuzuordnen sind, oder weil man ihn im Unternehmen halten will, so kann diese Vorgehensweise, juristisch gesehen, ein Präzedenzfall sein. Auf dieser Basis könnten weitere Mitarbeiter derselben Abteilung ihr Verbleiben beim

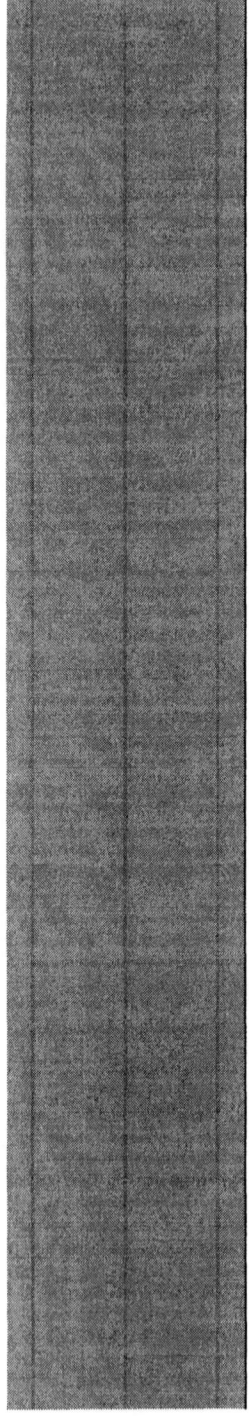

Servicenehmer einklagen. Sollen einzelne Mitarbeiterinnen oder Mitarbeiter im Unternehmen verbleiben,
so ist es ratsam, diese offiziell aus der betroffenen
Organisationseinheit zu versetzen, was aber in vielen
Fällen organisatorisch und argumentativ schwierig
sein dürfte.

---

§613a BGB - Betriebsübergang

Geht ein Betrieb oder ein Betriebsteil durch Rechtsgeschäft auf
einen anderen Inhaber über, so tritt dieser in die Rechte und
Pflichten aus den im Zeitpunkt des Übergangs bestehenden Ar-
beitsverhältnissen ein. Sind diese Rechte und Pflichten durch
Rechtsnormen eines Tarifvertrages oder durch eine Betriebsvereinbarung geregelt, so werden sie Inhalt des Arbeitsverhält-
nisses zwischen dem neuen Inhaber und dem Arbeitnehmer
und dürfen nicht vor Ablauf eines Jahres nach dem Zeitpunkt
des Übergangs zum Nachteil des Arbeitnehmers geändert werden. Satz 2 gilt nicht, wenn die Rechte und Pflichten bei dem
neuen Inhaber durch Rechtsnormen eines anderen Tafrifvertra-
ges oder durch eine andere Betriebsvereinbarung geregelt werden. Vor Ablauf der Frist nach Satz 2 können die Rechte und
Pflichten geändert werden, wenn der Tarifvertrag oder die Betriebsvereinbarung nicht mehr gilt, oder bei fehlender beidseiti-
ger Tarifgebundenheit im Geltungsbereich eines anderen Tarifvertrages, dessen Anwendung zwischen dem neuen Inhaber
und dem Arbeitnehmer vereinbart wird.

Der bisherige Arbeitgeber haftet neben dem neuen Inhaber für
Verpflichtungen nach Absatz 1, soweit sie vor dem Übergang
entstanden sind und vor Ablauf von einem Jahr nach dem Zeitpunkt fällig sind, als Gesamtschuldner. Werden solche Verpflichtungen nach dem Zeitpunkt des Übergangs fällig, so haftet
der bisherige Arbeitgeber für sie jedoch nur in dem Umfang, der
dem im Zeitpunkt des Übergangs abgelaufenen Teil ihres Be-
messungszeitraums entspricht.

Absatz 2 gilt nicht, wenn eine juristische Person oder eine Per-
sonengesellschaft durch Umwandlung erlischt.

Abb. 7.8 §613a BGB

Ein neuer Arbeitsvertrag muß für den Übergang gemäß §613a BGB nicht geschlossen werden. Es ist aber wichtig, daß die betroffenen Mitarbeiter rechtzeitig von dem Betriebsübergang in Kenntnis gesetzt werden, damit sie ihre Widerspruchsfrist wahrnehmen können. Widerspricht ein Mitarbeiter dem Betriebsübergang, so besteht für ihn die Gefahr der betriebsbedingten Kündigung, da der bisherige Arbeitgeber nach dem Übergang keine entsprechenden Aufgaben mehr hat, da diese sie ja ausgelagert wurden. Dies muß nicht für solche Tätigkeiten gelten, die weiterhin im Unternehmen anfallen, wie z.B. Sekretärinnenfunktionen. Aber auch hier ist Vorsicht geboten: Wenn z.B. keine freie Stelle zur Verfügung steht, kann ebenso betriebsbedingt gekündigt werden. Der Arbeitnehmer kann auch dem Betriebsübergang widersprechen und das Arbeitsverhältnis seinerseits beenden.

Auch nach dem per Gesetz festgelegten einen Jahr Besitzstandswahrung kann der neue Arbeitgeber nicht ohne weiteres bestehende Vereinbarungen ändern. Natürlich gelten die üblichen gesetzlichen Regelungen, wie z.B. das Betriebsverfassungsgesetz. Problematisch wird es für den Arbeitnehmer aber dann, wenn der neue Arbeitgeber einem anderen, schlechteren Tarifvertrag unterliegt. Auch bei dieser Fragestellung gibt es Rechtsunsicherheiten in der Auslegung. In der detaillierten Planung der Übernahme hat der Servicegeber unter Mithilfe des Servicenehmers erhebliche administrative Aufwände zu leisten. Das fängt mit der internen Aufnahme ins Personal- und Abrechnungssystem an und hört mit der Ummeldung von Direktversicherungen, Sozialversicherungen etc. auf. Hier ist auf eine genaue, kontrollistenorientierte Abarbeitung zu achten.

Vertragsende

Auch das Ende des Vertrages muß geregelt werden. Besonders wichtig ist für den Servicenehmer, daß er bei Vertragsende einen geordneten Betrieb weiterführren kann. Dazu sind juristische Vereinbarungen und Formulierungen im Vertrag zu treffen, die den

Ein neuer Arbeitsvertrag muß nicht geschlossen werden

Dem Betriebsübergang kann wiedersprochen werden

Personalübernahme erfordert erhebliche administrative Aufwände

Regelungen über das Vertragsende sind zu vereinbaren

Servicegeber muß Beendigungsunterstützung leisten

Servicegeber sollte erheblichen Zeitraum vor Vertragsende neues Angebot erstellen

Servicegeber verpflichten, bei Vertragsende die Weiterführung eines geordneten Betriebes zu ermöglichen. Insbesondere sind die personellen Kapazitäten für einen erneuten Transfer zur Verfügung zu stellen und auch die ansonsten nötige Beendigungsunterstützung ist zu leisten. Eine geordnete Beendigung des Vertrages bei gleichzeitigem Wechsel zu einem anderen Anbieter ist schwierig und wirft folgende Probleme auf:

- Auf das eingespielte Personal des jetzigen Vertragspartners kann nach dem Wechsel nicht mehr zurückgegriffen werden. Dies ist eine große Hypothek für den neuen Servicegeber.
- Die Beendigungsunterstützung wird sich der Vertragspartner, sofern sie sich auf den tatsächlichen Wechsel bezieht, gesondert bezahlen lassen. Bei der üblichen Länge solcher Projekte kann dies einen erheblichen Betrag ausmachen.
- Die Beendigungsunterstützung kann der Servicenehmer nicht unbeschränkt lange, sondern nur eine angemessene Zeit in Anspruch nehmen, so daß er bei einem Wechsel bereits sehr frühzeitig entsprechende Schritte einleiten muß.
- Bei Bekanntwerden der Wechselabsicht muß von einer deutlich niedrigeren Motivation auf Seiten des alten Servicegebers ausgegangen werden.

Der Vertrag sollte eine Klausel enthalten, die den Servicegeber verpflichtet, einen erheblichen Zeitraum, z.B. ein Jahr, vor Ablauf des Vertrages ein neues, verbindliches Angebot zu unterbreiten. Parallel zu den Neuverhandlungen mit dem alten Servicegeber können dann auch Alternativangebote eingeholt werden. Die Beendigungsunterstützung muß vertraglich abgesichert sein.

7.5.5 Servicespezifische Aspekte

Die datenverarbeitungstechnischen Leistungsparameter (Abb. 7.9) müssen im Vertrag genau definiert werden.

• Servicezeiten	• Ungeplante Änderungen
• Verfügbarkeiten	• Datensicherung
• Mean-Time-to-Repair	• Katastrophenfall
• Mean-Time-between-	• Lieferzeiten/-bedingungen
Failure	• Berichte
• Ausfallzeiten	• Datensicherheit
• Antwortzeiten	• Aufgabenabgrenzung
• Wartungszeiten	

Abb. 7.9 Leistungsparameter für Outsourcing-Vertrag

Servicezeiten

Für den Servicenehmer ist es wichtig, eine klare Regelung über die Zeiten und den Umfang zu erhalten, in denen er EDV-Unterstützung erhält, sowie über die jeweilige Art der Unterstützung. Es wird unterschieden zwischen Online- und Batchbetriebszeiten. Die Onlinebetriebszeiten definieren den Zeitraum, in dem die Benutzer mit dem System im Dialog arbeiten. Vielfach handelt es sich dabei um die gängigen Bürozeiten. Während des Batchbetriebes steht das System den Benutzern nur eingeschränkt oder gar nicht zur Verfügung, da Stapelverarbeitung und Datensicherung durchgeführt werden. Sie findet meist abends und nachts statt.

Je nach Vertragsumfang können einzelne Funktionen, z.B. die Anwendungsentwicklung, beim Servicenehmer verbleiben. In diesen Fällen wird der Servicegeber seinerseits entsprechende Erreichbarkeiten fordern, wenn er die Servicegarantie übernehmen soll. Vereinbarungen sind für die nachgenannten Funktionen definiert:

1. Benutzerunterstützung
Die Benutzerunterstützung ist die erste Anlaufstelle für den Benutzer. Sie ist für die kundenfreundliche Annahme und Abarbeitung der gemeldeten Probleme erforderlich. Dem verwendeten Konzept und den dahinterstehenden technischen Werkzeugen kommt eine große Bedeutung zu (Abb. 7.10). Auch wenn der Servicenehmer an den einzelnen Vorgängen beim Ser-

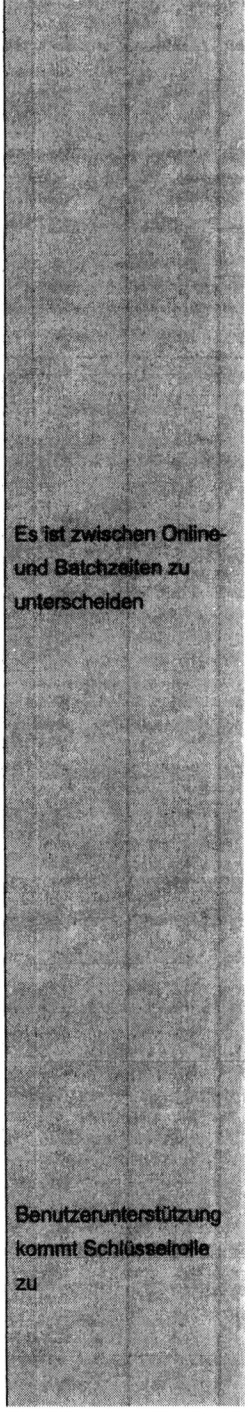

Es ist zwischen Online- und Batchzeiten zu unterscheiden

Benutzerunterstützung kommt Schlüsselrolle zu

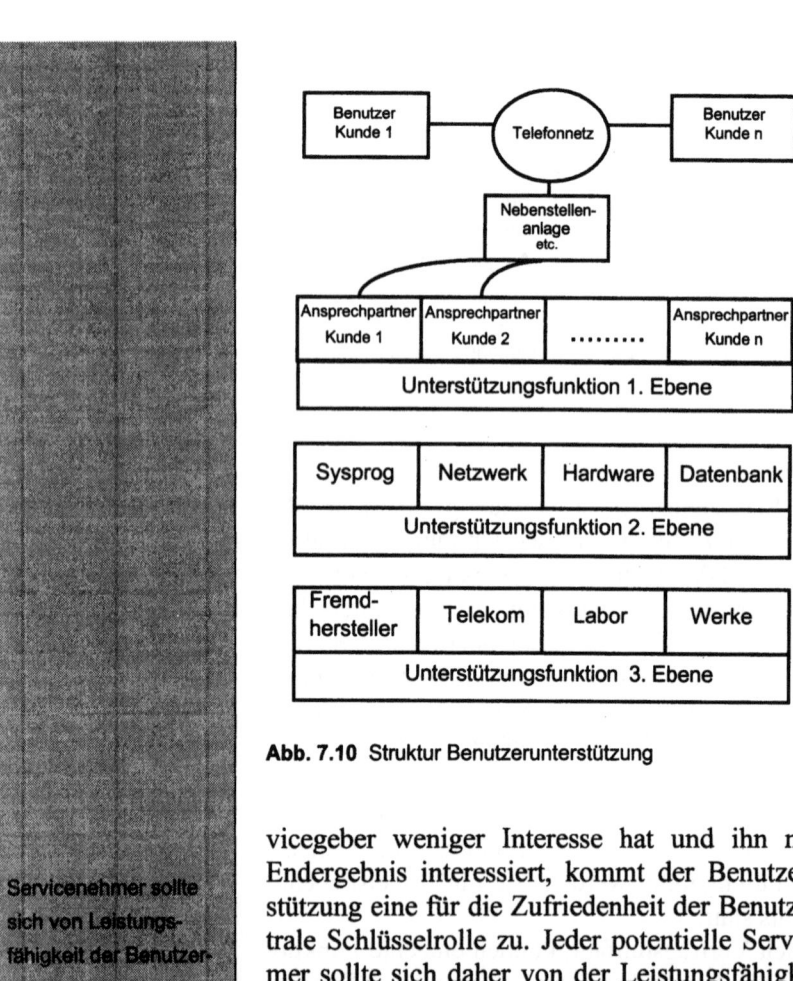

Abb. 7.10 Struktur Benutzerunterstützung

vicegeber weniger Interesse hat und ihn nur das
Endergebnis interessiert, kommt der Benutzerunterstützung eine für die Zufriedenheit der Benutzer zentrale Schlüsselrolle zu. Jeder potentielle Servicenehr-
mer sollte sich daher von der Leistungsfähigkeit der
Benutzerunterstützung überzeugen. Gegebenenfalls
kann dies durch einen Test während der Verhand-
lungsphase geschehen. Auch ist eine Untersuchung
des eingesetzten Problem-Management-Systems
durch den Servicenehmer sinnvoll. Auf die verschiedenen Qualitätskriterien und Messungen wird in dem
entsprechenden Unterkapitel dieses Buches eingegangen. Auch die Frage der Prioritätsfestlegung ist
schwierig. Für jeden Benutzer hat sein Problem natürlich "Priorität 1". Andererseits versteht der Servicegeber oft die detaillierten Geschäftsprozesse
nicht und schätzt so Problemmeldungen falsch ein.
Hier kommt es also auf die Erarbeitung allgemeiner
Kriterien für die Einordnung in Prioritäten und die

damit verbundene Festlegung der ver- bindlichen Reaktionszeiten an. Eine Reihe weiterer zu klärender
Fragen ist in Abb. 7.11 dargestellt.

2. Systemprogrammierung/Anwendungsentwicklung
Wenn diese Funktionen ebenso ausgelagert sind, wird
der Benutzer nur in wenigen Fällen direkten Kontakt
mit den Systemprogrammierern und Anwendungsent-
wicklern haben, nämlich nur dann, wenn es sich um
komplexe Probleme oder anwendungsspezifische Fragestellungen handelt. Auch hier stellt sich die Frage,
zu welchen Zeiten die Erreichbarkeit dieser Funktion
garantiert ist. Gerade an Wochenenden und Feiertagen ist die Unterstützung häufig nicht oder nur sehr
eingeschränkt sichergestellt. Um hier Abhilfe zu
schaffen, gibt es bereits seit längerem die Möglichkeit, durch Heimarbeitsplätze kombiniert mit Rufbereitschaft eine praktische 24-Stunden-Bereitschaft zu
garantieren. Gerade im Bereich der sehr speziellen
und personenbezogenen Kenntnisse der Anwendungsentwicklung wird dringend empfohlen, die Verfügbarkeit solcher Mitarbeiter in besonders kritischen
Phasen (z.B. Jahresabschluß etc.) vertraglich abzusichern.

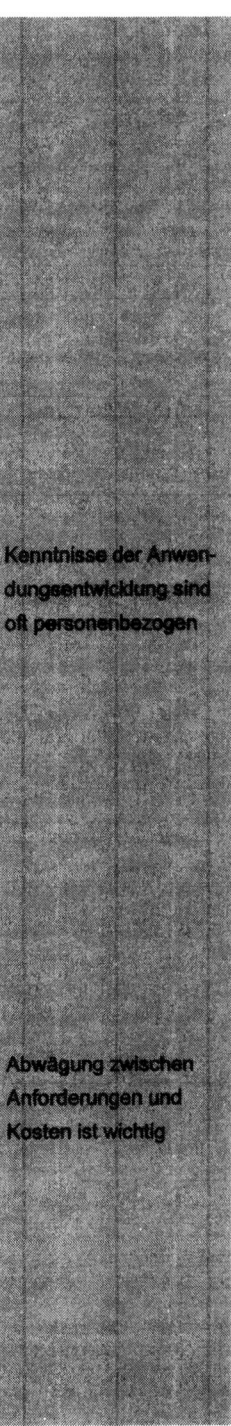

Kenntnisse der Anwen-
dungsentwicklung sind
oft personenbezogen

3. Hersteller und Softwarehäuser
Hier ist der Servicegeber selbst an das Angebot der
zahllosen Hersteller und Softwarehäuser gebunden.
Die durch zu hohe Anforderungen ggf. entstehenden
Kosten wird er in der Regel direkt an den Servicenehmer weitergeben. Teilweise wird z.B. eine Abdek-
kung rund um die Uhr gerade bei kleineren Softwarehäusern, bedingt durch Personalengpässe, gar nicht
möglich sein. Daher ist hier eine vernünftige Abwägung der Anforderungen im Vergleich zu den Kosten
besonders relevant.

Abwägung zwischen
Anforderungen und
Kosten ist wichtig

    Noch wichtiger ist die Klärung der Frage, wieviele
Probleme bis zu welcher Komplexitätsgrenze der Servicegeber selbst und ohne die Hilfe der Softwarehäuser lösen kann. Je höher die Kompetenz in diesen Fällen ist, desto besser für den Servicenehmer. Die Fähigkeit des Servicegebers sollte auf diesen Aspekt hin
unter genauer Berücksichtigung der vom Serviceneh-

- Gibt es eine einheitliche Rufnummer (Hotline) für alle Benutzer?
- In welchem Zeitrahmen ist diese Hotline zu erreichen? Was ist an Wochenenden und Feiertagen?
- Muß sich der Benutzer noch identifizieren, z.B. durch eine Kundennummer?
- Welche Problembearbeitungszeit wird zugesagt? Ist diese Zeit nach Prioritäten gestaffelt? Wer legt die Prioritäten fest?
- Was passiert, wenn die Problembearbeitungszeit nicht eingehalten wird?
- Wird der Kundenkontakt über nur eine Person hergestellt (Single Point of Contact) oder wird er auch über die nachgeschalteten Unterstützungsfunktionen aufgebaut? Wie hoch ist das Know-how der Mitarbeiter der ersten Ebene? Handelt es sich hier nur um eine Telefonannahme oder um fachkundiges Personal?
- Verfügt der Servicegeber über das benötigte Know-how in der Benutzerunerstützung oder ist er bei komplexeren Problemen auf wenige Mitarbeiter oder gar den Hersteller angewiesen?
- Wie viele Probleme werden direkt von Mitarbeitern der ersten Ebene gelöst, wieviele werden weitergereicht?
- Ist sichergestellt, daß ausreichend viele Telefonleitungen verfügbar sind und der Benutzer nicht mehrfach anwählen muß?
- Sind die Mitarbeiter des Servicegebers über die näheren technischen Gegebenheiten des Servicenehmers informiert, oder muß erst eine Erklärung z.B. über die benutzten PCs erfolgen?
- Wie wird sichergestellt, daß der "Wanniger-Effekt" nicht eintritt und der Benutzer von einer Unterstützungsfunktion zur anderen weitergereicht wird?
- Wenn eine Weiterreichung unumgänglich ist, wie wird sichergestellt, daß der Benutzer nicht das ganze Problem wieder von neuem schildern muß?
- Verfügt der Servicegeber über eine Datenbank, die benutzerbezogen das komplette Benutzerenvironment auflisten kann?
- Werden intelligente Systeme benutzt, um automatisch eine Kategorisierung des Problems durchzuführen und an den richtigen Ansprechpartner durchzuschalten? Ist eine solche Funktionalität überhaupt gewünscht?
- Ist die Benutzerunterstützung national/international? Gibt es genügend Mitarbeiter, welche die Nationalsprache des Servicenehmers beherrschen? Wie funktioniert international die Kommunikation mit den nachgeschalteten Unterstützungsfunktionen die, je nach Managementsystem, ggf. in anderen Ländern sitzen können?
- Wie wird vom Managementsystem eine schnelle Problembearbeitungszeit sichergestellt?

Abb. 7.11 Fragen zur Benutzerunterstützung

 mer eingesetzten Hard- und Software detailliert beleuchtet werden. Je nachdem, ob. z.B. ein Novell-Netz, ein WINDOWS NT-Netz oder ein SNA-Netz eingesetzt wird (oder gar Kombinationen), kann die Beantwortung der Frage, je nach Servicegeber, ganz unterschiedlich ausfallen.

So wichtig die Überprüfung der Kenntnisse ist, so schwierig ist sie im Einzelfall auch. Der Beteuerung der Marketingabteilungen kann nicht immer Glauben geschenkt werden. Besser ist da die Referenz von einem Servicenehmer, der ähnliche technische Bedingungen hat.

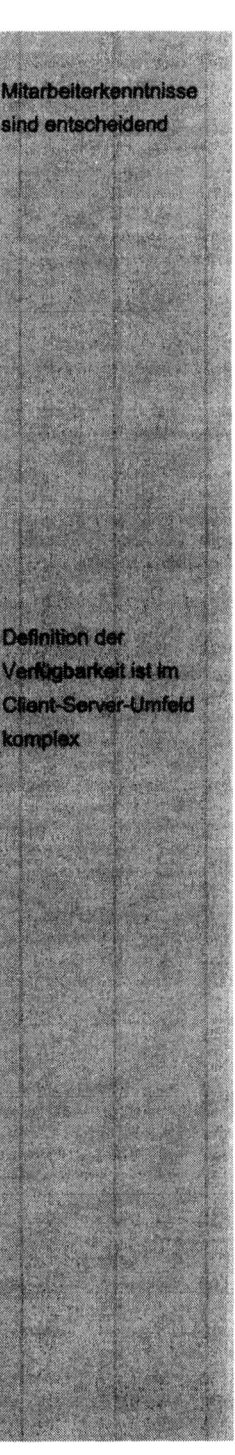

Mitarbeiterkenntnisse sind entscheidend

4. Technischer Außendienst/Distribution
Diese Unterstützung ist nur dann relevant, wenn der Vertrag auch Lieferung und/oder Hardwarewartung z.B. der Endbenutzergeräte (PCs, Drucker etc.) enthält. Im Falle solcher sogenannter Desktop-Service-Verträge (manchmal auch Network-Station-Management-Verträge) ist die zugesagte Reaktionszeit entscheidend. Die zu klärenden Fragen sind in Abb. 7.12 zusammengefaßt.

Verfügbarkeit
War das Thema in der Umgebung der Großrechner schon komplex, ist es in der Client-Server-Welt der vernetzten Systeme noch viel schwieriger zu betrachten und zu verifizieren. Grundsätzlich stellen sich die in Abb. 7.13 aufgeführten Fragen. Die Definitionen in einem Client-Server-Umfeld müssen unterschiedlich zur Großrechnerwelt sein. Dabei werden die Verfügbarkeitszahlen anders zu vereinbaren sein, wenn z.B. die PC-Betreuung nicht in der Hand des Servicegebers liegt. Sinnvoll ist in jedem Fall, eine wie auch immer abstrahierte und gewichtete Gesamtverfügbarkeit zu definieren.

Definition der Verfügbarkeit ist im Client-Server-Umfeld komplex

---

- Welche Elemente des Geschäftsprozesses werden vom Servicegeber übernommen, welche nicht (Klärung Serviceumfang)?
- Wie lange dauert es vom Bestelleingang beim Kunden bis zur schlüsselfertigen Installation des Geräts?
- Was passiert bei Nichteinhaltung des Ziels?
- Wie schnell ist die zugesagte Reaktionszeit inkl. Anfahrt beim Ausfall einzelner Komponenten? Gibt es eine nach Prioritäten gestaffelte Reaktionszeit?
- Wer legt die Prioritäten fest?

Abb. 7.12 Fragen Desktop-Services

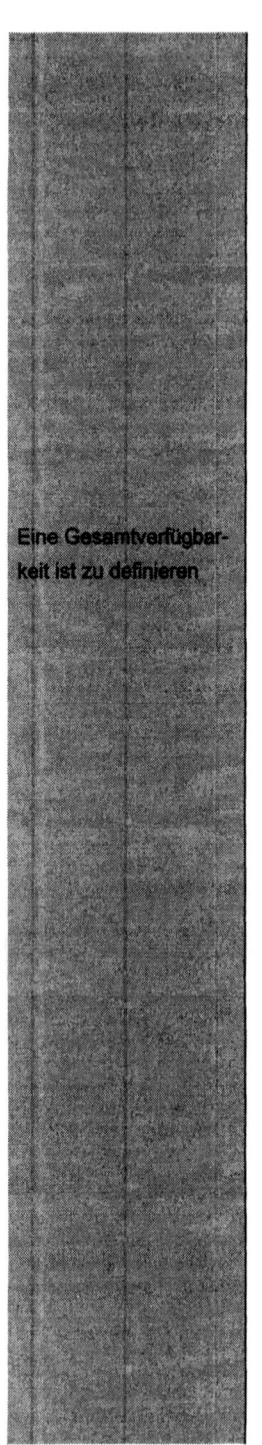

Eine Gesamtverfügbar-
keit ist zu definieren

Dies vereinfacht nicht zuletzt die Qualitätsmessung und erleichtert es wesentlich, Ergebnisse transparenter zu machen. Bezüglich der Verfügbarkeit sind zu definieren:

- Komponenten
  (Anwendungen, Betriebssystem, Netz)
- Meßverfahren
- Meßzeiten
- Gewichtung Teilausfälle
- Vorgehensweise Ermittlung Teil- und Gesamtverfügbarkeit

Im ungünstigsten Einzelfall ist pro Anwendung zu definieren, wann diese als ausgefallen betrachtet werden muß und wann nicht. Das gleiche gilt für das Betriebssystem. Im Netzbereich gibt es bereits bei den verschiedenen Serviceanbietern etablierte Verfahren. Hier kann von einer objektiven Erfassung im Sinne eines arithmetischen Mittelwertes ausgegangen werden. Aber was nützt dem Geschäftsstellenleiter die Tatsache, daß ausgerechnet seine Kontrolleinheit aus-

---

- Welche Komponenten umfaßt die Verfügbarkeit? (Großrechner, Server, Netz (LAN, WAN))?
- Ist die Verfügbarkeit von Endgeräten eingeschlossen?
- Ist beim Ausfall einzelner Komponenten auch die Gesamtverfügbarkeit beeinträchtigt?
- Wie sieht die Gewichtung bei Ausfällen aus? Wenn z.B. 10 von 100 PCs ausfallen, wird dann die Verfügbarkeit um $^1/_{10}$ gemindert? Was ist, wenn gerade die wichtigsten PCs betroffen sind?
- Wie wird die Verfügbarkeit bei verteilten Datenbanken und Anwendungen definiert?
- Wie erfolgt die Abgrenzung zu anderen Servicegebern, z.B. wenn die PC-Betreuung beim Servicenehmer verbleibt, der Rest aber ausgelagert wird?
- Wer entscheidet letztendlich, ob es sich um ein PC- oder Anwendungsproblem gehandelt hat?

Abb. 7.13 Fragen zur Verfügbarkeit

gefallen ist, diese aber im Mittel gar nicht ins Gewicht fällt. Noch schwieriger ist dies bei den Endgeräten: Wie soll der temporäre Ausfall dreier PCs für drei Stunden gewichtet werden?

Diese Problematiken lassen sich durch Mathematik alleine nicht zufriedenstellend lösen. Es wird daher empfohlen, sich auf wenige, notgedrungen grobe Verfügbarkeitskennzahlen zu verlassen und diese zu einer Gesamtverfügbarkeit als Kriterium für die Qualität zu definieren. Bei der Definition der Verfügbarkeiten sollte darauf geachtet werden, daß sich Einzelverfügbarkeiten nur durch Multiplikation zu einer Gesamtverfügbarkeit zusammensetzen (Abb. 7.14).

Die berechtigte Forderung nach einer Gesamtverfügbarkeit von größer 99 % stellt daher in der Kombination der Einzelkomponenten hohe Qualitätsanforderungen an den Servicegeber und dessen Backup-Konzept.

Im Großrechnerbereich sind heute aber Verfügbarkeiten von größer 99,8 % durchaus die Regel. Hier muß im Einzelfall auf die tatsächlich umfaßten Komponenten geachtet werden. Auch gehen zu hohe Anforderungen für den Servicenehmer schnell ins Geld.

Ebenso sollte darauf geachtet werden, daß die Verfügbarkeit nur in den Zeiten gemessen wird, in denen sie für den Servicenehmer auch wirklich relevant ist. Ein einfaches Rechenbeispiel in Abb. 7.15 soll das verdeutlichen, wobei das Ergebnis im ungünstigsten Fall dem Ausfall eines kompletten Arbeitstages entspricht.

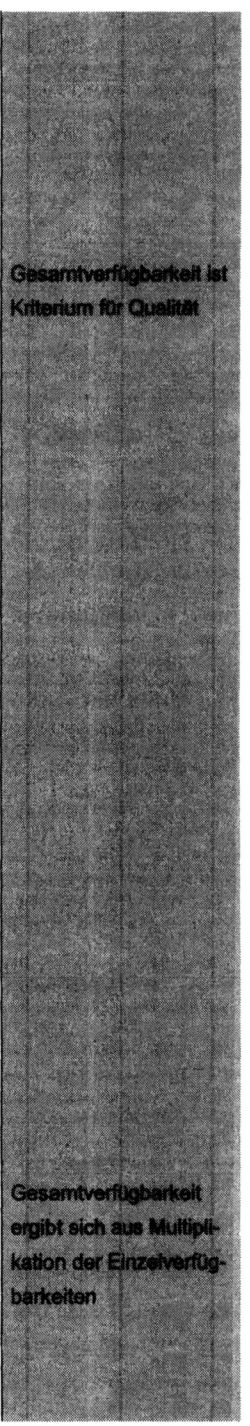

Gesamtverfügbarkeit ist Kriterium für Qualität

Gesamtverfügbarkeit ergibt sich aus Multiplikation der Einzelverfügbarkeiten

---

Bei einer Verfügbarkeit von jeweils 99 % für die Komponenten Host/Server, WAN, LAN wird eine Gesamtverfügbarkeit als Produkt also

Gesamtverfügbarkeit = 0,99 x 0,99 x 0,99 = 0,97 = 97%

errechnet.

Abb. 7.14 Berechnung Gesamtverfügbarkeit

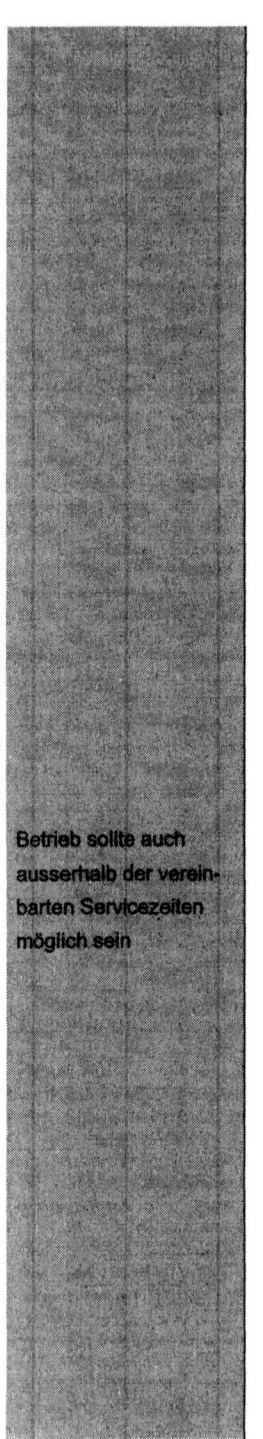

• Betriebszeit	24 Std./365 Tage
• Verfügbarkeit	99%
• Max. Ausfallzeit/Monat	31 Tage x 24 Std. x 1%
	= 7,44 Stunden

Abb. 7.15 Verfügbarkeitsmessung ohne Zeitintervall

• Betriebszeit	8 Std./Werktag
• Verfügbarkeit	99%
• Max. Ausfallzeit/Monat	22 Tage x 10 Std. x 1%
	= 2,2 Stunden

Abb. 7.16 Verfügbarkeitsmessung mit Zeitintervall

Die gleiche Rechnung bei einer eingeschränkten Betriebszeit von 8:00-18:00 Uhr an normalen Arbeitstagen zeigt Abb. 7.16. Die erlaubte Ausfallzeit beträgt bei gleicher Verfügbarkeit in diesem Beispiel nur etwa ein Viertel der Zeit gegenüber dem Beispiel in Abb. 7.15. Es ist also genau festzulegen, zu welchen Zeiten welche Verfügbarkeiten überhaupt relevant sind.

Betrieb sollte auch ausserhalb der vereinbarten Servicezeiten möglich sein

Außerhalb dieser Zeiten darf der Servicegeber aber auch nicht einfach das System oder das Netz abschalten, da häufig auch dann gearbeitet wird. Hier ist anzuraten, entweder deutlich verringerte Verfügbarkeitszahlen zu definieren, oder eine vertragliche Regelung zu schaffen, die den Betrieb unter normalen Umständen, ohne formale Verfügbarkeitsgarantie sicherstellt.

Es muß geklärt werden, was bei dem Ausfall des Systems passiert, d.h. ob die Reparatur erst zum Beginn der nächsten zugesagten Betriebszeit durchgeführt wird, oder ob eine Fehlerbereinigung in jedem Fall sofort, ggf. nur mit verlängerten Reaktionszeiten erfolgt.

Entscheidend ist, die kritischen Geräte und Netze durch Redundanzen so sicher zu machen, daß Ausfälle höchst selten sind. Wenn vorkonfigurierte Ersatz-PCs an allen Lokalitäten vor Ort sind und nicht jeder

PC individuell konfiguriert ist, kann selbst ein Hardwareausfall innerhalb von Minuten behoben werden. Bei kritischen Prozessen, z.B. in der Fertigung, muß für unmittelbare Redundanz im laufenden Betrieb gesorgt werden.

Die regelmäßig vom Servicegeber vorgelegten Berichte sollten alle erfaßten und in die Berechnung eingegangenen Ausfälle auflisten, damit der Servicenehmer die Möglichkeit hat, die Berechnung im Detail nachzuvollziehen.

Außerordentlich wichtig ist in dem Zusammenhang auch die Definition des Berichtszeitraums. Es ist leicht einsichtig, daß bei einem Berichtszeitraum von einer Woche die Zusage von 99 % Verfügbarkeit eine höhere Qualität für den Servicenehmer hat, als bei einem Berichtszeitraum von einem Monat, da sich die maximalen Ausfallzeiten verringern, je kleiner der Berichtszeitpunkt ist (bei gleicher Verfügbarkeit). Im allgemeinen wird der Berichtszeitraum aber auf einen Kalendermonat festgelegt, da der Berichtsaufwand und die Kontrolle für alle Beteiligten ansonsten zu aufwendig sind.

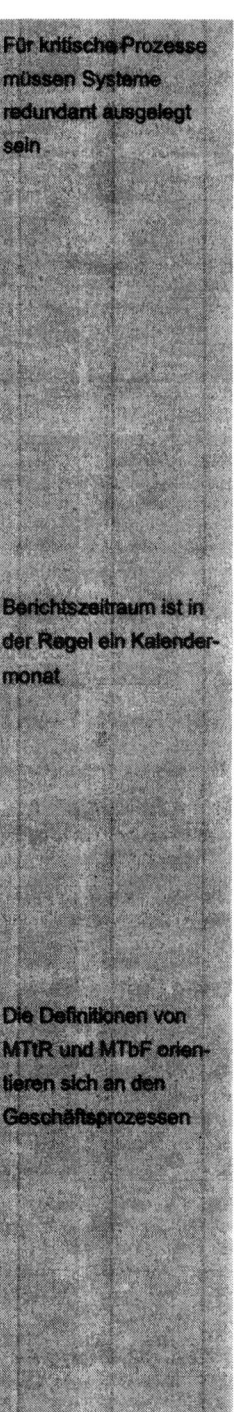

Für kritische Prozesse müssen Systeme redundant ausgelegt sein

Berichtszeitraum ist in der Regel ein Kalendermonat

Die Definitionen von MTtR und MTbF orientieren sich an den Geschäftsprozessen

Mean-Time-to-Repair
Die Kennzahl Mean-Time-to-Repair (MTtR) besagt, wie lange ein Ausfall im Durchschnitt dauert. Gerade im Zusammenhang mit den oben angeführten Beispielen der Verfügbarkeit, ist diese Festlegung wichtig.

Die Definition dieses Parameters sollte sich an den wichtigen Geschäftsprozessen orientieren, d.h. an der Frage, wie lange ein Ausfall maximal dauern darf. Denkbar wäre zum Beispiel, die maximale Ausfallzeit auf zwei Stunden während der Betriebszeiten Mo.-Fr. 8:00-18:00 Uhr festzulegen.

Diese Betrachtungsweise stellt nur eine Ergänzung, keinesfalls einen Ersatz für eine Festlegung der Verfügbarkeit dar.

Die Formel ist in Abb. 7.17 beschrieben. Da es sich nur um einen durchschnittlichen und keinen absoluten Wert handelt, ist damit nicht gesagt, daß einzelne Ausfälle nicht auch länger dauern können.

MTtR = Gesamtausfallzeit / Gesamtzahl Ausfälle

MTbF=(Planzeit-Gesamtausfallzeit)/Gesamtzahl Ausfälle

Abb. 7.17 Definition Kennzahlen MTtR und MTbF

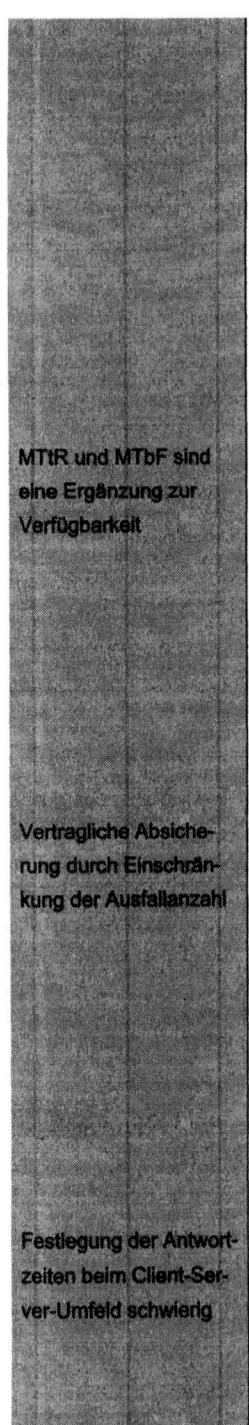

MTtR und MTbF sind eine Ergänzung zur Verfügbarkeit

Vertragliche Absicherung durch Einschränkung der Ausfallanzahl

Festlegung der Antwortzeiten beim Client-Server-Umfeld schwierig

Mean-Time-between-Failure

Der Wert Mean-Time-between-Failure (MTbF) liefert dem Servicenehmer die Information, wieviel Zeit durchschnittlich zwischen zwei aufeinanderfolgenden Ausfällen vergeht. Es nützt wenig, wenn die Verfügbarkeit von 99 Prozent eingehalten wird, aber das System jeden Tag für Minuten ausfällt und sich der Benutzer immer neu im System anmelden muß. Diesen Effekt kann man im Extremfall weder mit der Verfügbarkeit, noch mit Mean-Time-to-Repair ausschließen. Auch hier handelt es sich, ähnlich wie beim Parameter Mean-Time-between-Failure (s. Abb. 7.17), lediglich um einen Durchschnittswert.

Ausfallanzahl

Eine weitere Möglichkeit der vertraglichen Absicherung ist, die Anzahl der Ausfälle pro Berichtszeitraum einzuschränken. Bei Verwendung aller Möglichkeiten (Verfügbarkeit, MTtR, MTbF, Anzahl der Ausfälle) gleichzeitig, muß darauf geachtet werden, daß sich die Definitionen nicht mathematisch ausschließen. Es sollten daher diejenigen Parameter definiert werden, welche für den Servicenehmer am wichtigsten sind und deren Nichteinhaltung die Geschäftsprozesse am nachhaltigsten stören könnte.

Antwortzeiten

Die Frage der Festlegung der Antwortzeiten ist ähnlich komplex wie die der Verfügbarkeiten. War die Festlegung im Großrechner-Umfeld mit 3270-Terminals noch verhältnismäßig einfach, ist sie im Client-Server-Umfeld mit Arbeitsplatz-PCs, LANs und verteilten Anwendungen um so schwieriger, da die Einflußfaktoren vielfältiger sein können. Dadurch lassen sich die Ursachen einer schlechten Antwortzeit oft nicht eindeutig feststellen.

Eine schnelle SAP/R3-Anwendung läuft trotzdem schlecht, wenn der Arbeitsplatz-PC zu klein dimensioniert ist, zu viele Anwendungen im Hintergrund laufen und/oder gleichzeitig in mehreren Anwendungen gearbeitet wird. Die Aussage des aufgeregten Benutzers, "SAP läuft langsam" muß daher gar nicht ursächlich etwas mit SAP zu tun haben, sondern der Grund kann in der gleichzeitig von ihm gestarteten ACCESS-Anwendung liegen. (Diese o.ä. Tatsachen werden der Benutzerunterstützung übrigens oft verschwiegen). Auf der anderen Seite machen Antwortzeiten, wenn sie nicht "End-to-End" definiert sind, aus Benutzersicht wenig Sinn, da es besagtem nichts nutzt, wenn alles angeblich schnell läuft, bei ihm am Bildschirm aber Minuten zwischen den Transaktionen vergehen.

Antwortzeiten sollen "End-to-End" definiert werden

In einem Großrechner-Umfeld mit 3270-Terminals ist auf jeden Fall eine Vereinbarung von "End-to-End"-Antwortzeiten sinnvoll. Zu deren Messung gibt es eine Reihe von Softwareprodukten, die der Servicegeber einsetzen kann.

Im Client-Server-Umfeld ist hingegen genau zu definieren, welche Antwortzeiten wirklich relevant sind, um nicht jedesmal die Frage nach dem Problemverursacher aufzuwerfen. In jedem Fall sollten die zentralen Server und der WAN-Bereich berücksichtigt werden.

Außerdem muß der Servicegeber über effiziente Software verfügen, die sowohl ein LAN-Management als auch eine Fehleranalyse der PCs ermöglicht.

Wartungszeiten

Die Zeiten, in denen die Systeme regelmäßig nicht zur Verfügung stehen, müssen klar und in Abgrenzung zu den Servicezeiten definiert sein. In Fällen, in denen die Servicezeit im wesentlichen die Bürozeit umfaßt, ist das kein Problem. Zunehmend werden aber gerade im produktiven Bereich hohe Anforderungen hinsichtlich der generellen Verfügbarkeit der Anwendungen gestellt, teilweise bis hin zu For-

Wartungszeiten müssen sich von Servicezeiten abgrenzen

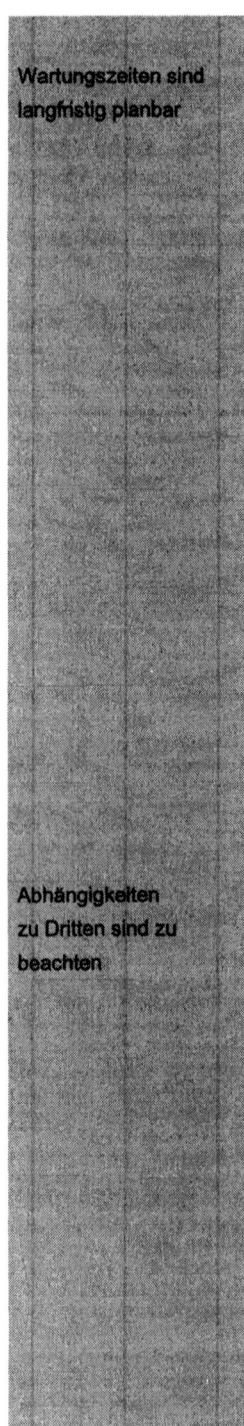

Wartungszeiten sind langfristig planbar

Abhängigkeiten zu Dritten sind zu beachten

derungen nach Betriebszeiten von 24 Stunden an 365 Tagen im Jahr. In solchen Fällen sind vom Servicegeber konzeptionelle Maßnahmen zu treffen, z.B. die redundante und gespiegelte Auslegung der Systeme und des Netzes, so daß Wartung an einzelnen Komponenten während des normalen Betriebs durchgeführt werden kann.

Um Wartungen an der Grundversorgung (Strom, Klima etc.) zu ermöglichen, ist der Anschluß aller EDV-Komponenten an eine unterbrechungsfreie Stromversorgung (USV), die zusätzlich zu den üblichen Batterien mit einem Dieselgenerator zur Überbrückung größerer Ausfallzeiten gespeist wird, erforderlich. Die unterbrechungsfreie Wartung aller für den Betrieb relevanten Komponenten ist in jedem Fall sowohl technisch komplex als auch sehr kostspielig und nur dann gerechtfertigt, wenn eine betriebswirtschaftliche Notwendigkeit nachgewiesen werden kann.

Ansonsten empfiehlt sich, mit dem Servicegeber Wartungszeiträume und -intervalle festzulegen, in denen das System geplant nicht verfügbar ist. Üblicherweise liegen diese Zeiten an Wochenenden oder nachts im Anschluß an den Batchbetrieb, so daß die Auswirkungen auf den Betrieb minimal sind. Es sollte aber darauf geachtet werden, daß alle relevanten Komponenten in den festgelegten Zeiten gewartet werden können und keine Abhängigkeiten zu Dritten existieren, die wiederum Wartungszeiten für sich in Anspruch nehmen.

Insbesondere wenn das Rechenzentrum des Servicenehmers auf große Rechner des Servicegebers verlagert und dort parallel zu anderen Servicenehmern betrieben wird, können sich Abhängigkeiten zu Dritten ergeben, die vertraglich ausgeschlossen werden sollten. Dies ist insbesondere bei Netzbetreibern der Fall, wo Wartungszeiten zentral mit allen betroffenen Servicenehmern abgesprochen werden müssen. Erfahrungsgemäß steht gerade im WAN-Bereich wenig Spielraum zur Veränderung dieser meist langfristig festgelegten Zeiten zur Verfügung.

Vorteilhaft ist hier der „Service "aus einer Hand" im Sinne einer Generalunternehmerschaft, d.h. der Servicegeber ist gleichzeitig auch Netzbetreiber. Es gibt somit nur einen Ansprechpartner.

Generalunternehmerschaft ist empfehlenswert

Kurze und seltene Wartungsintervalle setzen gut getestete Änderungen voraus. Daher empfiehlt es sich, die Länge und Frequenz der Wartungszeiten in Abhängigkeit des Hard- und Softwareumfeldes so zu wählen, daß die Wartungen und Änderungen auch mengenmäßig durchführbar sind. Andererseits sollten sie eine Herausforderung an den Servicegeber stellen, die Änderung sauber vorzubereiten und vorab intensiv zu testen, um mehrere Versuche zu vermeiden. Ein Änderungsmanagement muß etabliert werden, in dem beschrieben wird, wie Änderungen kommuniziert werden und wie lange sie vorab zu planen sind. Ansprechpartner hierfür sind auf beiden Seiten zu definieren.

Ungeplante Änderungen
Im Gegensatz zu den geplanten Wartungen gibt es die Situation, daß Änderungen ungeplant und kurzfristig durchzuführen sind. In vielen Fällen kommt die Anfrage nach einer solchen Änderung von Servicenehmerseite und nicht vom Servicegeber.

Auch für diesen Fall sollte eine formale Regelung im Änderungsprozeß vorgesehen werden, die definiert, wie solche kurzfristigen Änderungen prozessiert werden. Es sollten Zeiten festgelegt werden, die als Vorwarnzeit mindestens eingehalten werden müssen, um z.B. auf Seiten des Servicegebers eine vernünftige Planung der Änderung zu ermöglichen.

Ein vernünftiges Berichtssystem sollte Auskunft darüber geben, wie hoch der Anteil der kurzfristigen und ungeplanten Änderungen ist. Es gibt hier keinen Richtwert, da branchenspezifische Unterschiede existieren. Eine nähere Untersuchung sollte durchgeführt werden, wenn die Anzahl der ungeplanten Änderungen mehr als 20 % aller Änderungen beträgt.

Fehlendes Managementsystem oft Grund für ungeplante Änderungen

Oft liegt die Ursache in fehlenden Managementsystemen beim Servicenehmer zur kurz- und mittelfristigen Änderungsplanung, die kostspielig werden kann,

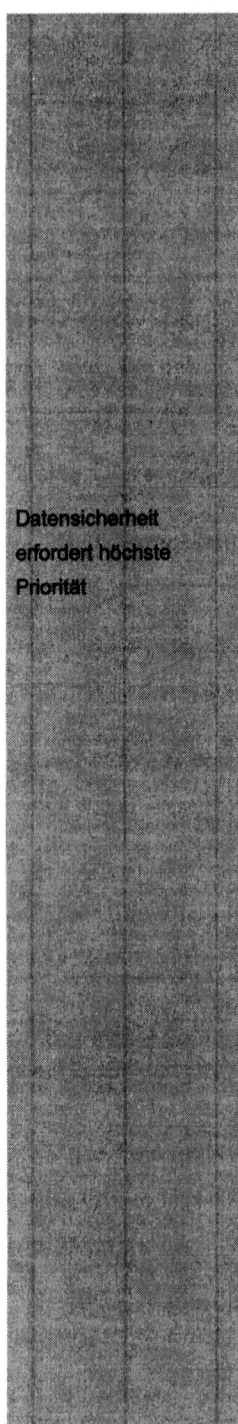

wenn der Servicegeber z.B. ungeplant Personal be-
reitstellen muß. Hier sollte ein beiderseitiges Interesse bestehen, Änderungen so gut wie möglich zu planen und nur in Ausnahmefällen kurzfristige
Änderungen zuzulassen.

Eine große Bedeutung kommt hier den Fachbereichen des Servicenehmers und dem kundenseitigen
Ansprechpartner des Servicegebers zu. Wenn auch
vertraglich keine zu einengende Formulierung getroffen werden sollte, so ist doch ratsam, zumindest eine
beiderseitige Absichtserklärung zu formulieren.

Datensicherung

Eine genaue Definition der Datensicherung ist zwin-
gend erforderlich. Hier sind die Parameter in Abb.
7.18 zu beachten. Dem Bereich der Datensicherung
ist höchste Priorität und Aufmerksamkeit zu widmen.
Der Servicegeber muß vertraglich auf Präzision und
Genauigkeit verpflichtet werden. Die im Kapitel
"Haftung und Gewährleistung" aufgeführten Risiken
treffen insbesondere auf den potentiellen Totalverlust
von Daten zu, der zu einem unübersehbaren direkten
und indirekten Schaden für den Servicenehmer führen kann. Um hier genaue Vorgaben zu machen und
diese vertraglich in einem Betriebshandbuch fixieren
zu können, sollten während der Übernahmephase diese Fragen im Detail durch eine Arbeitsgruppe beantwortet werden.

(Marginalie links:) Datensicherheit erfordert höchste Priorität

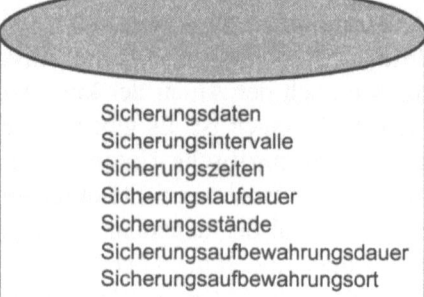

Sicherungsdaten
Sicherungsintervalle
Sicherungszeiten
Sicherungslaufdauer
Sicherungsstände
Sicherungsaufbewahrungsdauer
Sicherungsaufbewahrungsort

Abb 7.18 Parameter zur Datensicherung

Katastrophenfall

Das "Outsourcen" von Katastrophen- und Wiederan-
laufkapazitäten ist bereits seit langem eine gängige
Praxis. Zur Ermittlung des Umfeldes müssen die Fra-
gen in Abb. 7.19 beantwortet werden. Die großen
Outsourcing-Anbieter haben häufig Katastrophenab-
sicherungslösungen als eigenständiges Outsourcing-
Modul und verfügen über entsprechende Erfahrung.
Die Höhe der Anforderungen insbesondere für den
Zeitraum zur Wiederherstellung der Anwendungen

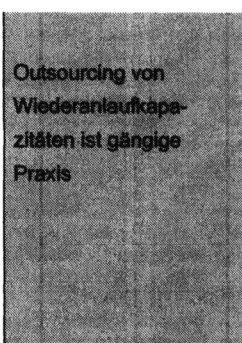

Outsourcing von
Wiederanlaufkapa-
zitäten ist gängige
Praxis

- Welche Anwendungen unterstützen kritische Geschäftsprozesse und müssen in einem Katastrophenfall wiederhergestellt werden?
- Wie wird der Katastrophenfall definiert?
- Wer entscheidet, ob der Katastrophenfall eingetreten ist?
- Welcher Zeitpunkt wird als Eintrittszeitpunkt der Katastrophe definiert? Der Zeitpunkt des Ausrufens der Katastrophe oder der Zeitpunkt des Eintretens (zwischen beiden können beachtliche Zeiträume liegen)?
- In welchem Zeitraum sagt der Servicegeber die erneute Betriebsbereitschaft nach einem Katastrophenfall zu?
- Wie sieht die technische Lösung aus?
- Werden Kapazitäten exklusiv und dediziert vorgehalten?
- Wenn nein, wie ist sichergestellt, daß die Kapazitäten im Katastrophenfall auch wirklich verfügbar sind?
- Wer erstellt oder überarbeitet das Katastrophenhandbuch?
- Wie funktioniert das Alarmsystem? Sind Ansprechpartner rund um die Uhr definiert?
- Wie wird der Katastrophenfall getestet?
- Wieviele Tests in welchen Zeiträumen werden zugesagt? Sind diese zusätzlich kostenpflichtig?
- Was passiert bei einem erfolglosen Test?
- Welche Aufgaben übernimmt der Servicegeber im Katastrophenfall oder bei einem Test, welche müssen vom Servicenehmer durchgeführt werden?
- Finden die Tests in dem Umfeld statt, in dem auch der echte Katastrophenfall abgehandelt würde?
- Sind ausreichende Netzkapazitäten definiert, damit die Benutzer auf dem Ausweichsystem arbeiten können?
- Ist im Katastrophenfall mit Einschränkungen der Antwortzeiten zu rechnen, wenn ja, wie lassen sich diese quantifizieren?
- Gibt es im Ausweichrechenzentrum Räumlichkeiten, PCs etc. für die Mitarbeiter des Servicenehmers?
- Wer ist für den Transport der Sicherungsbänder verantwortlich?

Abb. 7.19 Fragen zum Katastrophenfall

Anforderungen zur Wiederherstellung orientieren sich an betrieblichen Abläufen

sollten sich dabei genau an den vorliegenden Geschäftsprozessen orientieren, denn überhöhte Anforderungen sind sehr kostspielig.

Die Zeitdauer wird wesentlich bestimmt durch die Größe der zurückzuladenden Datenmenge. Je nach Komplexität der Anwendungen und der technischen Infrastruktur sollte bei großen Systemen ein Wiederanlauf in 48 Stunden möglich sein, sofern nicht zuviel Zeit durch logistische Probleme (Transport etc.) verlorengeht und der Katastrophenfall ausreichend getestet wurde. Will man die Zeit wesentlich unter 48 Stunden halten, so ist die Einrichtung von Hardwareredundanzen erforderlich.

Lieferzeiten und -bedingungen

Servicegeber übernehmen verstärkt Lieferung und Installation von PCs

Der Outsourcing-Vertrag kann auch die Bestellung und Lieferung von Hard- oder Software umfassen. Ein zunehmend an Bedeutung gewinnender Aspekt ist, daß der Servicegeber die Lieferung, Konfiguration, Installation und ggf. auch den Betrieb und das Management von PCs und anderen Desktop-Endgeräten übernimmt. Für den Desktop-Betrieb und das Desktop-Management gelten die genannten Definitionen analog. Zusätzlich stellen sich für die Lieferung und Konfiguration die Fragen in Abb. 7.20.

- Welche Zeiten werden vom Bestellungseingang bis Lieferung und Installation zugesagt?
- Führt der Servicegeber eine "schlüsselfertige" Installation beim Benutzer durch?
- Wie stellt der Servicegeber sicher, daß diese Zusage flächendeckend eingehalten werden kann, z.B. wenn viele Standorte zu versorgen sind?
- Wie wird sichergestellt, daß wirklich die geforderte PC-Konfiguration geliefert wird?
- Wer trägt die Kosten für höherwertige Konfigurationen, wenn die Ausgangskonfiguration nicht mehr lieferbar ist?
- Welche Reaktions- und Problembearbeitungszeiten werden für die Wartung und Fehlerbeseitigung zugesagt?
- Hat er für den Fall von Hardwareausfällen genügend schnell lieferbare Ersatzgeräte?

Abb. 7.20 Fragen zu Lieferzeiten und -bedingungen

Berichte

Vereinbarungen sind nur dann sinnvoll, wenn sie qualitätsmäßig auch regelmäßig gemessen und berichtet werden. Die Grenze der Vielzahl und Komplexität der Berichte liegt in dem Grad der Verwertbarkeit von Informationen für den Servicenehmer und dem Erstellungsaufwand für den Servicegeber. Es sind eine Reihe von Berichtsparametern festzulegen (Abb. 7.21).

Grad der Verwertbarkeit von Informationen ist Basis

In der Praxis hat es sich als sinnvoll erwiesen, monatliche Berichtszeiträume zugrunde zu legen. Die Berichte sollten eine möglichst allgemeinverständliche und mit Graphiken visualisierte Managementzusammenfassung haben. Weiterhin sollten Detaildaten für die Spezialisten aufgeführt sein. Viele dieser Daten können automatisch generiert und müssen nicht manuell zusammengetragen werden. Zur inhaltlichen Berichterstattung kommen folgende Werte in Frage:

Viele Daten können automatisch generiert werden

- Verfügbarkeit
- Beschreibung und Gründe der Ausfallzeiten
- Qualität der Benutzerunterstützung (Anzahl der Anrufe, Problemlösungsquote, Wartezeiten für Anrufer etc.)
- Antwortzeiten
- Anzahl der Unterbrechungen
- Mean-Time-to-Repair
- Mean-Time-between-Failure
- Gesamtanzahl der Änderungen
- Anzahl der ungeplanten Änderungen und Verursacher

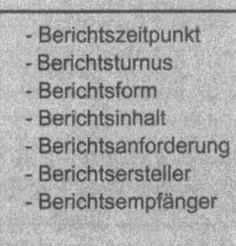

- Berichtszeitpunkt
- Berichtsturnus
- Berichtsform
- Berichtsinhalt
- Berichtsanforderung
- Berichtsersteller
- Berichtsempfänger

Abb 7.21 Berichtsparameter

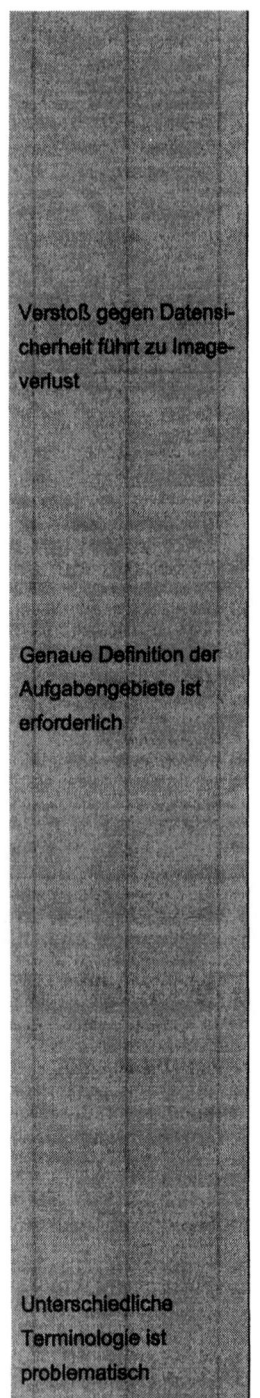

- Anzahl aller gemeldeten Probleme nach Kategorie
- Prozent der innerhalb der zugesagten Zeit gelösten Probleme pro Kategorie
- Datensichheitsauswertungen

Datensicherheit

Der Bereich der Datensicherheit wird für jedes auslagernde Unternehmen ganz besonders kritisch sein, denn die Vertraulichkeit z.B. von Servicenehmer- oder Auftragsdaten muß in jedem Fall gewährleistet werden. Ein Verstoß gegen diese Regeln kann zu einem empfindlichen Imageschaden des Servicenehmer führen. Hier sind die Fragen in Abb. 7.22 zu beantworten.

Aufgrund der Sensitivität dieses Bereiches ist zu klären, inwieweit Verstöße Gewährleistungs- und Schadensersatzleistungen nach sich ziehen.

Aufgabenabgrenzung

Es ist festzulegen, wer für die folgenden Aufgabengebiete zuständig ist, und bis zu welcher Grenze Leistungen vom Servicegeber zu erbringen sind:

- Benutzerunterstützung
- Systemsteuerung (Archiv, System, Anwendung, Netz)
- Arbeitsvor- und -nachbereitung,
- Systemprogrammierung (Betriebssystem, Netz)
- Anwendungsentwicklung
- Datenmanagement
- System Management (Problem, Änderung, Performance etc.)
- Abrechnung (System, Netz etc.)
- Administration

Dabei ist die Abgrenzung, was noch im Leistungsumfang enthalten ist, im Einzelfall schwierig zu treffen. Gerade deswegen sollte versucht werden, dies genauer zu beschreiben, selbst wenn später in dem einen oder anderen Fall noch Klärungsbedarf vorliegt.

Die Hauptursache für dieses Problem ist die unterschiedliche Verwendung der einzelnen Bezeichnungen bei Servicegeber und Servicenehmer.

Die Randnotizen am linken Seitenrand:

Verstoß gegen Datensicherheit führt zu Imageverlust

Genaue Definition der Aufgabengebiete ist erforderlich

Unterschiedliche Terminologie ist problematisch

- Werden für den Servicenehmer eigene Systeme benutzt, die von denen anderer Servicenehmer physisch und logisch getrennt sind?
- Hat der Servicegeber interne Sicherheitsrichtlinien, die für alle Mitarbeiter verbindlich sind und das ganze Spektrum der möglichen Probleme abdecken?
- Werden Virenschutzprogramme beim Servicegeber eingesetzt. Soll eine vertragliche Verbindlichkeit für die Nutzung festgelegt werden?
- Welche Mitarbeiter erhalten Zugriff auf die Daten und erhalten Systemprivilegien, die sie dazu ermächtigen würden?
- Sind diese Mitarbeiter schriftlich auf das Bundesdatenschutzgesetz (BDSG) verpflichtet?
- Wer meldet die personenbezogenen Daten, falls vorhanden, beim Bundesbeauftragten für Datenschutz an?
- Wer übernimmt die Rolle der Systemadminstration, also die Einrichtung von Zugriffen auf Daten und die Einrichtung von Zulassungen?
- Wie sieht der formale Genehmigungsprozeß aus, wenn die Verantwortung beim Servicegeber liegt?
- Wer übernimmt die Rolle des EDV-Revisors? Ist diese Funktion organisatorisch von Systemadministration und EDV getrennt?
- Welche physischen Schutzmaßnahmen sind für die Daten, Bänder, Kassetten, und Disketten getroffen?
- Wie stellt der Servicegeber sicher, daß kein Unbefugter Zugang (direkt oder über Netzwerk) zu den Daten erhält? Wie werden gedruckte Daten geschützt?
- Findet das "Vier-Augen-Prinzip" in sensitiven Bereichen Anwendung?
- Werden Daten bei der Speicherung auf transportable Medien verschlüsselt?
- Wie werden transportable Datenträger beim Transport geschützt?
- Ist der Datenträgeraustausch (d.h. wer welche Daten des Servicenehmers wann vom Servicegeber erhalten soll) beschrieben und vom Servicenehmer freigegeben?
- Wie wird sichergestellt, daß geänderte Programme ordnungsgemäß aus Testsystemen in Produktionssysteme übernommen werden und wie wird das revisionssicher dokumentiert?
- Welche Daten stehen für die Auswertung durch die EDV-Revision zur Verfügung?

Abb. 7.22 Fragen zur Datensicherheit

So können gravierende Unterschiede in dem bestehen, was der Servicegeber gegenüber dem Servicenehmer z.B. als "Arbeitsvor- und nachbereitung" sieht. Denkbar ist hier, daß wesentliche Teile dieses Aufgabenbereiches in der Anwendungsentwicklung, der Systemsteuerung oder im Fachbereich angesiedelt sind und die unreflektierte Verwendung dieses üblichen Begriffes in den Verhandlungen ein gemeinsames Verständnis suggeriert, das bei näherem Hinsehen, gar nicht gegeben ist.

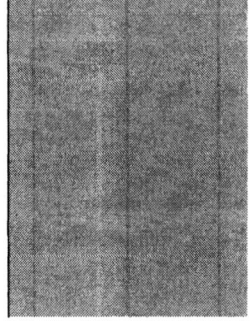

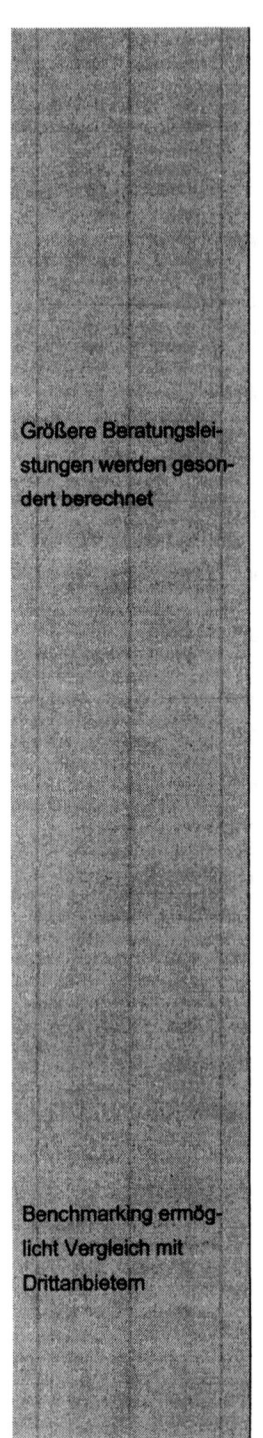

Für die Abgrenzung der einzelnen Aufgabengebiete bietet sich der Einsatz von Kontrollisten an, in denen die typischen Tätigkeiten des jeweiligen Aufgabengebietes beschrieben werden. Sie lassen sich auch problemlos als Anhang des Vertrages verwenden.

In jedem Unternehmen hat der EDV-Bereich auch Beratungsaufgaben gegenüber dem Fachbereich, den Benutzern und der Geschäftsführung. Neben der Planung zukünftiger Produkte oder der Auswahl von Software für den Benutzer kann das in vielen Fällen einfach die Mitarbeit an Projekten der Fachbereiche sein. Da diese Leistungen in den wenigsten Fällen vom EDV-Bereich verursachergerecht auf den Anforderer weitergegeben werden, sind diese Tätigkeiten oft als selbstverständliche und kostenlose Leistung zu sehen. Ideal wäre, den Servicegeber zur Leistung dieser Tätigkeiten ohne jede Einschränkung zu verpflichten. Es liegt für ihn ein erhebliches Risiko über Erfolg und Mißerfolg des Auftrages vor, so daß er dem nicht zustimmen wird. Eine zusätzliche Vergütung des Servicegebers für die Unterstützung neuer, umfangreicher Projekte scheint angemessen.

7.5.6 Finanzielle Aspekte

Es gibt eine Fülle von Möglichkeiten, finanzielle Regelungen in einen Outsourcing-Vertrag zu treffen. Basis dafür ist eine saubere Definition der rechnungsrelevanten Parameter.

Zu untersuchen ist zunächst, ob ein Outsourcing-Vertrag kostengünstiger sein kann, als der vom Servicenehmer selbst durchgeführte Eigenbetrieb.

Benchmarking

Als Basis für einen qualitativen und quantitativen Vergleich der eigenen EDV mit Drittanbietern empfiehlt sich die Durchführung eines Benchmarking. Da dies nur möglich und sinnvoll ist, wenn eine große Anzahl von Vergleichszahlen ähnlich strukturierter Unternehmen vorliegen, sollte diese Analyse mit darauf spezialisierten Unternehmen durchgeführt werden.

Größere Beratungsleistungen werden gesondert berechnet

Benchmarking ermöglicht Vergleich mit Drittanbietern

Das Ergebnis ist eine aktuelle und gute Übersicht, wie sich die eigene EDV im Vergleich zum Wettbewerb positioniert. Es können daraus erste Rückschlüsse auf das Einsparungspotential durch Outsourcing gezogen werden. Die Datenerhebung läßt sich in den späteren Outsourcing-Verhandlungen und der Ausschreibung gut verwenden. Die Kosten für eine solche Erhebung sind im Vergleich zum Gesamtumfang eines Outsourcing-Projektes relativ gering.

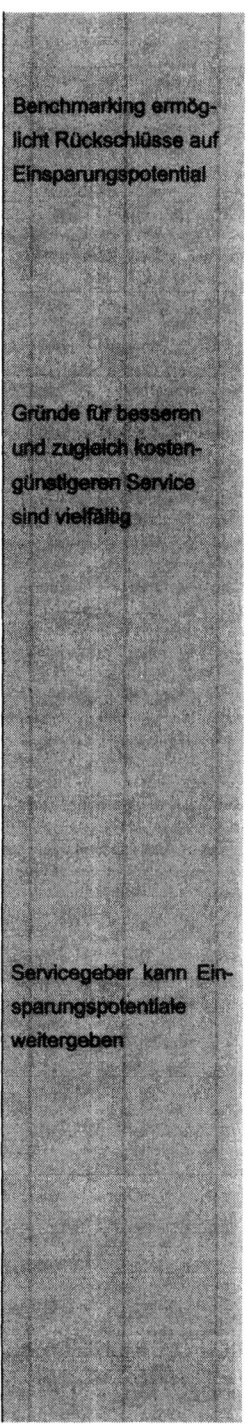

Benchmarking ermöglicht Rückschlüsse auf Einsparungspotential

Kostenvorteile

Die Gründe dafür, warum der Servicegeber den gleichen, oft sogar qualitativ besseren Service zu günstigeren Kosten bieten kann, sind vielfältig und hängen stark von der individuellen Situation des Servicenehmers ab. Folgende Aspekte beeinflussen die Einsparungsmöglichkeiten:

Gründe für besseren und zugleich kostengünstigeren Service sind vielfältig

- Wird das Rechenzentrum des Servicenehmers in ein Großrechenzentrum des Servicegebers verlagert oder weiter isoliert und dediziert betrieben?
- Wieviel Synergiepotential hat der Servicenehmer bereits selbst ausgeschöpft, z.B. durch Konsolidierung von Rechenzentren?
- Wieviel Standardsoftware wird eingesetzt?
- Wie hoch ist die Bereitschaft des Servicenehmers, sich standardisierten Verfahren und Managementsystemen mit festen Regelungen anzuschließen?

Der Servicegeber selbst kann folgende Einsparungspotentiale ausschöpfen und dadurch Kostenvorteile an den Servicenehmer weitergeben:

Servicegeber kann Einsparungspotentiale weitergeben

- Geringere Infrastrukturkosten (Strom, Flächenkosten, Wasser etc.) bei Integration in ein bestehendes Großrechenzentrum
- Personaleinsparungen bei Integration eines Rechenzentrums oder durch Verlagerung von Tätigkeiten in professionelle und personell gut ausgestattete Funktionen des Servicegebers
- Bessere finanzielle Konditionen für Standardsoftware und Hardware, da viele große Serviceanbieter aufgrund der Vielzahl der Verträge über sehr gün-

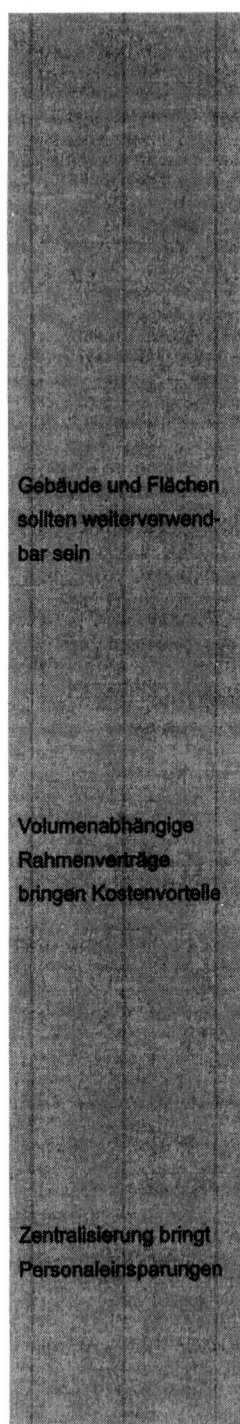

Gebäude und Flächen sollten weiterverwendbar sein

Volumenabhängige Rahmenverträge bringen Kostenvorteile

Zentralisierung bringt Personaleinsparungen

stige Rahmenverträge mit den etablierten Softwarehäusern und Hardwareanbietern verfügen

Generell sind die mittel- und langfristigen Einsparungspotentiale bei Integration eines Kundenrechenzentrums in ein Großrechenzentrum erheblich größer als bei einem dedizierten Betrieb, bei dem der Servicegeber zunächst nur das Management neu übernimmt. Dafür sind bei der erstgenannten Variante erhebliche Transferkosten zusätzlich zu erbringen, die sich erst bei einer längeren Laufzeit voll auszahlen. Die für diesen Fall günstigeren Infrastrukturkosten zahlen sich für den Servicenehmer nur dann aus, wenn er die freiwerdenden Gebäude und Flächen anderweitig weiterverwenden kann. Wenn leerstehende Gebäude zurückbleiben, die nicht zu verkaufen sind und daher als Verluste abgeschrieben werden müssen, reduzieren sich die Kostenvorteile oder verschwinden sogar ganz. Sinngemäß gilt das gleiche, wenn Gebäudeteile, Etagen etc. frei bleiben und nicht weiterzuverwenden sind, ggf. sind in diesem Fall Umbaukosten zu berücksichtigen.

Ein wesentlicher Kostenvorteil der großen Outsourcing-Anbieter sind Rahmenverträge mit Soft- und Hardwareherstellern, die erhebliche Einsparungen darstellen, insbesondere im Vergleich zu kleineren oder mittleren Firmen, die aufgrund des geringeren Bedarfs solche Konditionen nicht erzielen können. Für große Konzerne, die selbst über ein entsprechendes Mengenpotential verfügen, gilt dieses Argument nicht oder nur eingeschränkt. In aller Regel können diese ähnlich gute Konditionen verhandeln wie die großen Outsourcing-Anbieter.

Unbestreitbar ist, daß der größte Teil der Kosteneinsparungen über Personalreduktion erzielt wird. Im Falle des verlagerten Rechenzentrums ist das auch plausibel, denn in einem Großrechenzentrum des Servicegebers betreut eine Mannschaft, z.B. von Systemoperatoren, eine Vielzahl von Kundensystemen und die Wertschöpfung aus diesem Personaleinsatz ist wesentlich größer als bei dedizierten, kleineren Rechenzentren.

Das Beispiel der Systemoperatoren läßt sich auf viele andere Bereiche übertragen, in denen unabhängige Leistungen erbracht werden, z.B. Netzbetrieb, Archiv, Systemprogrammierung, Benutzerunterstützung etc. Bereiche wie Anwendungsentwicklung- und Betreuung sowie Arbeitsvor- und -nachbereitung werden ohne weitere Automationsmaßnahmen den gleichen Aufwand erfordern wie beim Servicenehmer selbst. Weiteres Einsparungspotential ist durch eine Standardisierung der Betriebssystemlandschaft und damit einhergehender Automation zu realisieren.

Auch in einem weiterhin dediziert betriebenen Rechenzentrum können Personaleinsparungen erzielt werden, z.B. durch die Verlagerung von Standardtätigkeiten, z.B. Systemsteuerung.

Es gibt keinen Grund, warum ein dediziert betriebenes Rechenzentrum nicht von außen gesteuert werden könnte, oder die Benutzerunterstützung nicht zentral durch den Servicegeber geleistet werden sollte. Auch die bereits oben angesprochene Harmonisierung der Systemlandschaft ist möglich.

Es gibt keine Pauschalzahlen, wieviel Personal bei Outsourcing eingespart werden kann. Im allgemeinen kann, je nach individueller Situation, davon ausgegangen werden, daß zwischen 15 und 30 % zumindest mittelfristig einzusparen ist.

Das heißt nicht zwangsweise, daß Personal entlassen werden muß, es kann auch bedeuten, daß eine über Jahre erforderliche und geplante Personalerweiterung nicht durchzuführen ist.

Rechnungsrelevante Größen
Zur Rechnungsschreibung sind meßbare Größen für den Leistungsnachweis zu definieren (Abb. 7.23). Insbesondere hier sind entsprechende Abstimmungen zwischen Servicegeber und Servicenehmer wichtig.

Rechnerleistung
Im Großrechnerbereich stellt diese Variable in vielen Fällen die wichtigste Basis für die Kostenkalkulation des Servicegebers und, je nach Abrechnungsmodell, auch für die spätere Rechnung dar.

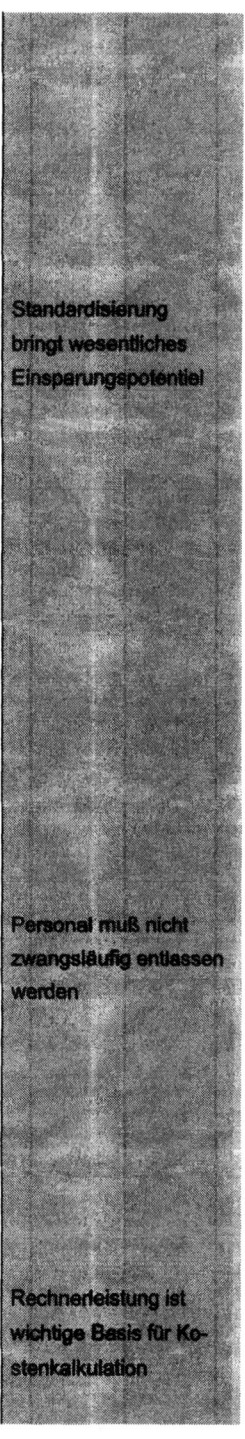

Standardisierung bringt wesentliches Einsparungspotential

Personal muß nicht zwangsläufig entlassen werden

Rechnerleistung ist wichtige Basis für Kostenkalkulation

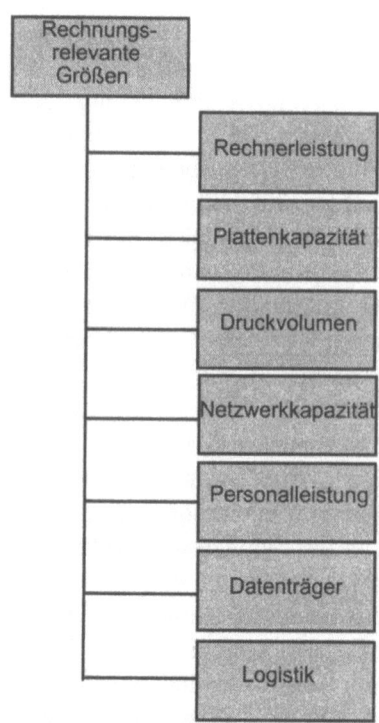

Abb 7.23 Rechnungsrelevante Parameter

Rechnerleistung verliert im Client-Server-Umfeld an Bedeutung

Im dezentralen Client-Server-Umfeld mit einer Vielzahl kleinerer und für spezielle Anwendungen exklusiv vorgehaltener Systeme verliert dieser Parameter zusehends an Bedeutung. Trotzdem kann auf eine verläßliche Trendentwicklung verzichtet werden. Im Client-Server-Bereich resultiert diese Entwicklung aber mehr in der Anzahl und dem ggf. kompletten Austausch bestehender Server durch größere Systeme, so daß man hier die Prognose besser auf der Basis der potentiellen Hardwareleistung vornehmen sollte. Es kann z.B. festgelegt werden:

- in welchen Zeitabständen Benutzer-PCs durch neuere Maschinen ersetzt werden sollen (Parameter, Chiptechnologie, Taktfrequenz, Hauptspeicher, Festplatte etc.),

- welche Leistungssteigerung bei den Servern zugrundegelegt wird,
- welche Netzwerktechnologien (ATM etc.) unterstützt werden sollen.

Im folgenden wird die gleichzeitige Nutzung eines Rechners durch mehrere Servicenehmer diskutiert. Dies ist eine klassische Großsystemfragestellung und durch die Technologiefortschritte auch im Bereich der mittleren Systeme relevant. So bieten einige Dienstleister, um nur ein Beispiel zu nennen, zunehmend SAP R/3-Service für mehrere Servicenehmer auf Basis von Mandantensystemen auf Hardware der mittleren Datentechnik an, ohne Großrechnertechnologien zu nutzen. Die Fragestellung ist immer die gleiche:

Fragestellung trifft auch auf mittlere Datentechnik zu.

- Wie definiert man die Rechnerleistungen?
- Wie werden diese gemessen?

Eine Definition der Rechnerleistungen ist u.a. über folgende Größen möglich:

- Durchsatzrate
- MIPS
- Kilo-Work-Units
- Prozessorsekunden
- Service Units
- Prozentuale Rechnerauslastung

Technologisch und mathematisch gesehen sind die meisten dieser Größen fragwürdig, da keine Normierung hinsichtlich der tatsächlich verwendeten Hardware besteht, die sich wesentlich, z.B. in der Taktfrequenz der benutzten Prozessoren unterscheiden kann.

Ein klassisches Beispiel dafür ist der Begriff "MIPS" (Million Instructions Per Second), der in vielen Verträgen zur Definition herangezogen wird. Wirklich aussagefähig über die Leistung der auf der Maschine betriebenen Anwendungen ist er aus oben genannten Gründen nicht. Es empfiehlt sich eher die Verwendung normierter Größen wie "Kilo-Work-Unit", die zumindest modellabhängige Schwankungen der Prozessorleistungen reflektieren und die Lastverteilung berücksichtigen, während der MIPS-

Die Angabe "MIPS" ist zur Messung von Rechnerleistung ungeeignet

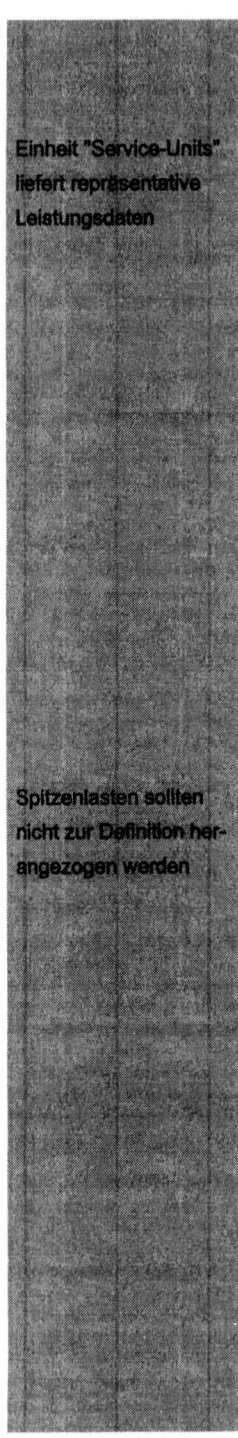

Wert nur eine Aussage über die benötigte Spitzenka-
pazität liefert, die vom Durchschnittsverbrauch weit
entfernt sein kann.

Besser noch ist die Verwendung der Einheit "Service-Units", die nicht nur prozessorrelevante Daten,
sondern auch Hauptspeicherbenutzung und Einga-
be/Ausgabe-Anforderungen zu einem repräsentative-
ren Wert verarbeitet. Hier ist allerdings auf eine Normierung zwischen den unterschiedlichen Hardware-
systemen zu achten, um die Leistungen wirklich vergleichbar zu machen.

Ungeachtet von der Festlegung, wie die Rechnerkapazität gemessen werden soll, gibt es unterschiedliche Interessen der beiden Vertragsparteien:

- Der Servicegeber möchte Spitzenlasten vertraglich
  absichern.
- Der Servicenehmer möchte keinesfalls Spitzenlasten bezahlen, sondern vielmehr eine über einen
  möglichst langen Zeitraum durchschnittliche Abnahme ohne Berücksichtigung der Lastspitzen.

Aus Kundensicht ideal ist die Definition der Rechnerlast auf Basis der normierten Service-Units und
kumuliert über z.B. einen Zeitraum von einem Jahr.
Das heißt, der Servicenehmer definiert, wieviel Service-Units er im nächsten Jahr abnehmen möchte.
Zusätzlich ist ein Preis für Mehr- oder Minderverbrauch festzulegen. Durch diese integral orientierte
Vorgehensweise werden Spitzenlasten völlig igno-
riert.

Aus Sicht des Servicegebers ist das natürlich die
denkbar ungünstigste Vorgehensweise, insbesondere
dann, wenn der Lastverlauf stark schwankt, z.B.
durch Lastspitzen beim Jahresabschluß (Abb. 7.24).
Aber auch die typische Lastverteilung über Tag kann
zu erheblichen Schwankungen der Auslastung führen.

Da meistens auch Zusagen für eine sehr gute Antwortzeit, ungeachtet des Lastverlaufes gefordert werden, muß der Servicegeber Kapazitäten vorhalten um
die Lastspitzen abzufangen.

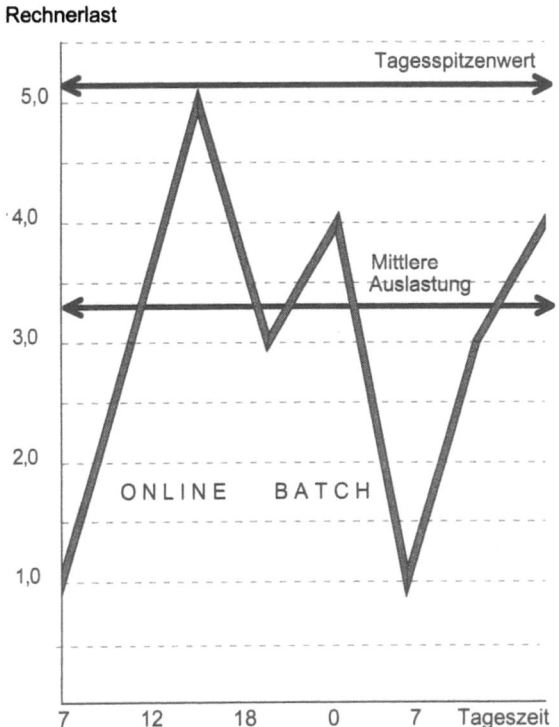

Abb. 7.24 Lastspitzen über den Tag

Nur selten tritt der Fall ein, daß sich die Lastverläufe verschiedener Abnehmer auf dem gleichen Rechner egalisieren. Im Gegenteil wird eher der Fall eintreten, daß ähnliche Last- verteilungen eine Potenzierung dieses Effektes bewirken. Daher ist der Servicegeber immer bemüht, die Lastspitzen vertraglich abzusichern, was dazu führt, daß der Servicenehmer den Maximalbetrag bezahlen muß.

Oft wird eine sogenannte "Deckelung" vorgeschlagen, d.h. dem Servicenehmer wird eine bestimmte Kapazität fest und verbindlich zugesagt. Technisch wird sichergestellt, daß er auf keinen Fall mehr Kapazitäten abnehmen kann, auch wenn darunter die Performance und Antwortzeit leidet. Vertraglich werden für diesen Fall die Zusagen zu einer bestimmten Antwortzeit zurückgenommen.

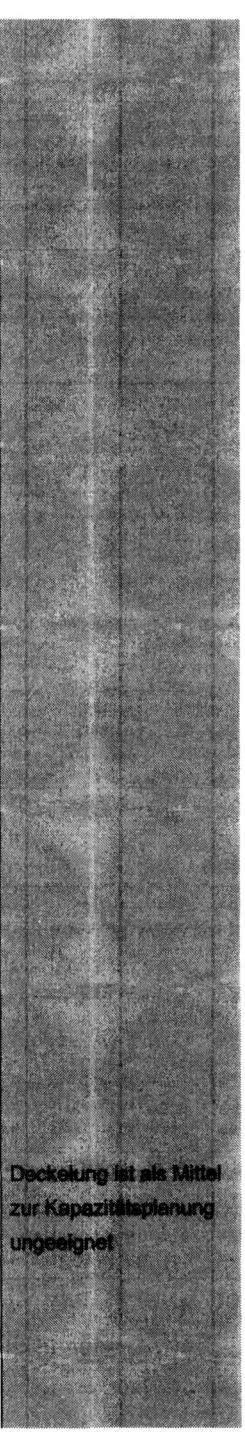

Deckelung ist als Mittel zur Kapazitätsplanung ungeeignet

Vom Servicegeber kann erwartet werden, daß er Lastschwankungen ausgleicht

Meßzeitraum für Rechnerbelastung ist wichtig

Aufgrund des zunehmenden Wettbewerbs läßt sich diese Einstellung heute kaum noch durchsetzen. Die Servicegeber sind vielfach bereit, integrale Modelle des Lastenausgleiches zu akzeptieren, wenn auch nicht immer über einen Zeitraum von einem Jahr. Vom Servicegeber kann erwartet werden, daß er die Kapazitäten hat, um Lastschwankungen auszugleichen. Dies gilt insbesondere bei den stark fallenden Hardwarepreisen bzw. den Kapazitätssteigerungen bei gleichem Preis. Gerade aufgrund dieser Möglichkeiten und Fähigkeiten hebt er sich ja vom Servicenehmer mit limitierten Kapazitäten ab.

Keinesfalls sollte der Servicenehmer akzeptieren, daß schwellwertbedingte Hardwareerweiterungen von ihm bezahlt werden. Statt dessen sollten gestaffelte Preise für Service Units, normierte CPU-Sekunden etc. vereinbart werden, unabhängig von möglichen Hardwareerweiterungen des Servicegebers.

Eine weitere Frage ist, in welchem Zeitraum die Rechnerbelastung gemessen wird. Die Formeln und die Software für die Ermittlung der Rechnerlast müssen genau definiert werden und mit den bisher beim Servicenehmer eingesetzten Verfahren verglichen werden.

Erst wenn dieser ein genaues technisches Verständnis über die Meßmethodik hat, kann er die vertraglichen Vereinbarungen richtig einschätzen. Die bisher selbst ermittelten Zahlen sollten dann vergleichsweise auf die neue Methodik umgerechnet werden, um eventuelle Abweichungen zu erkennen.

Wichtig ist auch, in welchem Zeitraum die Rechnerbelastung gemessen wird. Es ist ein großer Unterschied, ob das Zeitintervall 24 Stunden 7 Tage beträgt oder nur während der Bürozeiten an Werktagen gemessen wird. Im zweiten Fall ist bei den meisten Anwendungen zu erwarten, daß die ermittelten mittleren Verbrauchszahlen wesentlich höher liegen als im ersten Fall. Auch das ist genau zu prüfen.

Ein weiterer wichtiger Aspekt ist, welche Rechnerbelastungen der Servicenehmer überhaupt zu zahlen hat.

Hier sind folgende Fragen zu stellen:

- Wie ist mit der verursachten Last des Betriebs zu verfahren, wenn der Servicegeber das Betriebssystem zur Verfügung stellt?
- Wie sieht die Regelung aus, wenn vom Servicegeber in Eigenverantwortung Programme gestartet werden, die nicht ordnungsgemäß laufen und dadurch erhebliche Kapazitäten verbrauchen?
- Wie ist der Prozeß, wenn der Betriebssystemwechsel zusätzliche Funktionalitäten bringt, die ebenfalls erhöhte Rechnerlast verursachen?
- Wie ist der Prozeß, wenn ein Basissystem zur Verfügung gestellt wird, unter dem mehrere Servicenehmer arbeiten? Wie werden hier die Kosten weiterbelastet?

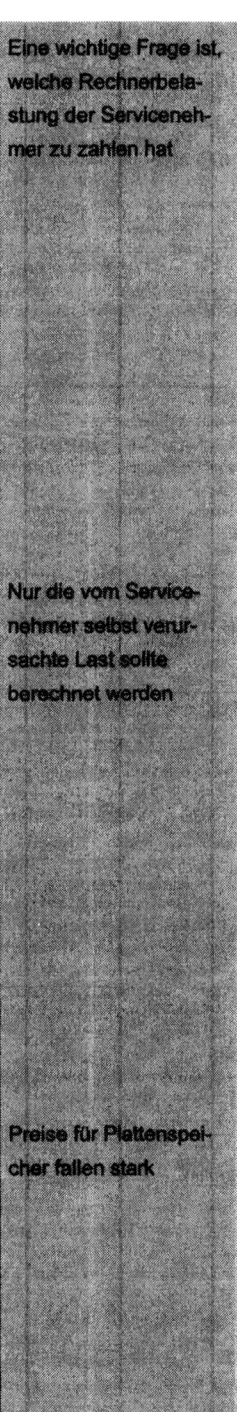

Eine wichtige Frage ist, welche Rechnerbelastung der Servicenehmer zu zahlen hat

Ideal wäre, nur die tatsächlich vom Servicenehmer direkt verursachte Last zu messen und als Basis für die Bezahlung zu verwenden. Dies setzt allerdings ein sehr differenziertes Abrechnungssystem voraus. Es steht dem Servicenehmer frei, den Servicegeber im Rahmen des Projekts zur Entwicklung bzw. Implementierung eines solchen Systems zu verpflichten.

Nur die vom Servicenehmer selbst verursachte Last sollte berechnet werden

Die Problematik stellt sich anders dar, wenn man das Client-Server-Umfeld betrachtet. Hier ist es wesentlich preiswerter möglich, Rechnerkapazitäten zu vergrößern, z.B. durch die Hinzunahme eines weiteren Servers. Daher verliert dieser Aspekt an Bedeutung, wenn er auch, je nach Größe, nach wie vor nicht zu vernachlässigen ist.

Plattenkapazität

Aufgrund der fallenden Preise für Plattenspeicher verliert auch dieser Bereich an Bedeutung, obwohl der Preissturz durch den zunehmenden Einsatz zuverlässigerer Systeme wie der Raid-Technologie teilweise kompensiert wird.

Preise für Plattenspeicher fallen stark

Im Prinzip gelten hier die gleichen Anmerkungen wie bei der Rechnerkapazität. In den meisten Fällen wird sich darauf geeinigt werden können, wieviel Plattenkapazität in welcher Technologie maximal zur Verfügung gestellt werden soll.

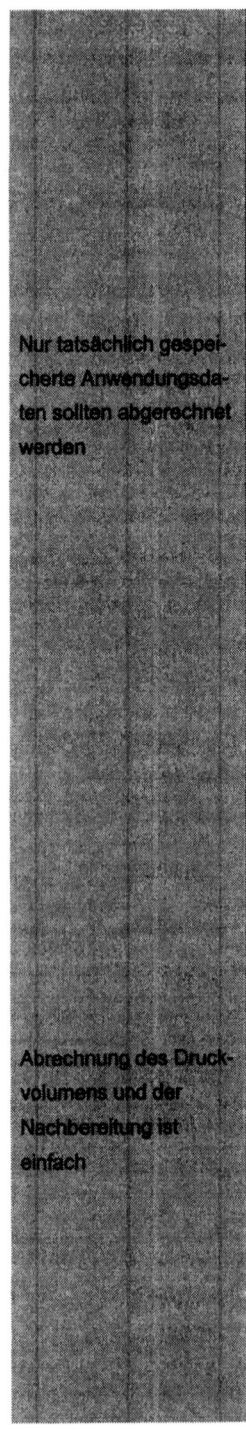

Nur tatsächlich gespeicherte Anwendungsdaten sollten abgerechnet werden

Abrechnung des Druckvolumens und der Nachbereitung ist einfach

Die Kernfrage lautet hier: "Für welchen Teil der Auslastung der Platten kommt der Servicegeber auf und für welchen der Servicenehmer?" Folgende Datengruppen können dabei unterschieden werden:

- Betriebssoftwaredaten
- Anwendungsprogrammdaten
- Gespeicherte Kundendaten
- Technologisch bedingte Leerkapazitäten

Keinesfalls dürfen Daten berechnet werden, die nicht für den Servicenehmer gespeichert werden. Insofern sollten vom Servicenehmer nur die gespeicherten Anwendungsprogramme und Echtdaten bezahlt werden. Wieviel Plattenplatz der Servicegeber für Betriebssystem und Infrastruktur dann noch benötigt, obliegt seiner Entscheidung.

Eine saubere Trennung der Daten ist dabei einfacher umzusetzen als bei der vergleichbaren Problematik der Rechnerleistung. Allerdings könnte auch hier ein effektives Abrechnungsverfahren aufgebaut werden, das vom Servicegeber noch zusätzlich für die innerbetriebliche, verursachergerechte Weiterbelastung der Kosten genutzt werden kann. Der Servicegeber verfügt über die entsprechende Software zur Differenzierung der Daten.

Technologisch bedingte Leerkapazitäten sollten auf jeden Fall vom Servicegeber getragen werden.

Druckvolumen

Wenn vom Servicegeber Massendrucke erstellt werden sollen, so stellt sich die Frage der Volumenerfassung. Beim reinen Druckvolumen ist das über die Ermittlung der tatsächlich gedruckten Seiten einfach und unkompliziert möglich. Unterschiede wird es höchstens im Preis pro Seite geben, ja nachdem ob Schwarzweißdruck oder Farbe, Einfach- oder Formulardruck verlangt wird.

Wenn auch die komplette Weiterverarbeitung der gedruckten Seiten, z.B. automatisches Einlegen in Briefumschläge, frankieren, versenden etc. Vertragsbestandteil ist, so lassen sich die Erfassungsmodelle auch auf diese Bereiche übertragen und preislich bewerten. Dabei sollte darauf geachtet werden, daß die Aufteilung des Preises detailliert erläutert wird. Aufwände für Papiertransport, klimagerechte Lagerung etc. sind berechtigte Infrastrukturkosten. Bei indirekt veranschlagten Rechnerkosten (z.B. für einen speziell eingerichteten Druckserver) ist ggf. zu prüfen, ob der Servicenehmer diese Kosten nicht ohnehin schon über den Rechnerverbrauch bezahlt.

Netzwerkkapazität
Bei den meisten Outsourcing-Verträgen nehmen Netzwerkkosten einen beachtlichen Kostenanteil ein. Häufig ist mit dem Outsourcing eine Zentralisierung verbunden wobei mehr Standorte als vorher von externen Stellen betrieben werden. Das voraussichtliche Datenvolumen ist die Basis für die Berechnung dieser Kosten. Ein gutes Verständnis der Volumenmenge und der zeitlichen Verteilung ist Voraussetzung.

Datenvolumen ist entscheidend für Netzwerkkosten

An dieser Stelle sollen nicht die verschiedenen Netzprotokolle und Leitungstypen diskutiert werden, ebenso soll keine Empfehlung gegeben werden, ob X.25, ISDN, Frame Relay oder gar ATM der richtige Weg ist. Die Frage, die sich stellt ist, welches Preismodell der Servicenehmer in welcher Situation wählt. Zu betrachten sind hier folgende wechselweise Alternativen:

- Streckenminimierung / Volumenmaximierung
  Der vom Servicenehmer benötigte Datentransfer wird nur auf wenigen Strecken, dort aber mit relativ hohem Volumen benötigt. In dem Fall ist eine volumenunabhängige Festverbindung die günstigere Lösung und von einem volumenabhängigen Preis pro Megabyte ist abzuraten. Die für die benötigte Kapazität richtige Leitungsgröße und die damit verbundenen Kosten der TELEKOM oder anderer, privater Dienstleister lassen sich leicht in Erfahrung bringen und mit dem Angebot des Servicegebers vergleichen.

- Streckenmaximierung / Volumenminimierung
  Der vom Servicenehmer benötigte Datentransfer wird auf vielen Strecken, dort aber mit relativ

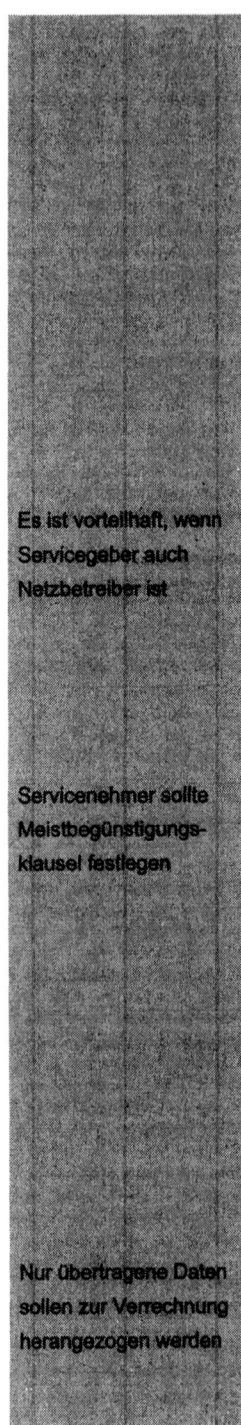

Es ist vorteilhaft, wenn Servicegeber auch Netzbetreiber ist

Servicenehmer sollte Meistbegünstigungsklausel festlegen

Nur übertragene Daten sollen zur Verrechnung herangezogen werden

geringem Volumen benötigt (z.B. File-Transfer ein- bis zweimal pro Tag zu verschiedenen Geschäftsstellen). In dem Fall kann tatsächlich ein leitungsunabhängiger Preis pro Megabyte der richtige und preisgünstigere Weg sein. Permanente Festverbindungen zu allen Lokationen lohnen nicht.

Natürlich gibt es auch Mischformen, die in den Outsourcing-Verträgen abgebildet werden können. Grundlegend ist aber immer, daß für jede einzelne benötigte Leitungsverbindung genau geklärt wird, ob sich bei dem prognostizierten Datenvolumen eine volumenunabhängige Festverbindung lohnt, oder ob volumenabhängige Modelle gewählt werden.

Es ist vorteilhaft, wenn der Servicegeber über ein eigenes, umfangreiches Netz verfügt, da er die daraus resultierenden Kostenvorteile dann an den Servicenehmer weitergeben kann. In diesem Fall kann die anteilige Benutzung der vorhandenen, meist für größere Volumen ausgelegten Netzverbindungen vorteilhafter sein als eine eigene Standleitung.

Der Servicenehmer sollte vertraglich eine Meistbegünstigungsklausel festlegen, die einen Preis pro übertragenem Megabyte definiert. Dieser darf aber höchstens die Kosten einer eigenen Festverbindung erreichen oder muß um einen festgelegten Prozentsatz geringer sein. Der Servicenehmer kann dann lediglich bis zu dieser Grenze kostenpflichtig herangezogen werden. Dies ist der optimale Fall, der ihm alle Kostenvorteile verschiedener Varianten sichert.

Falls volumenabhängig Preise gewählt werden, stellt sich erneut die Frage, wie die Netzwerkbelastung gemessen wird, und ob nur tatsächlich übertragene Kundendaten zur Verrechnung herangezogen werden oder auch technisch bedingte Last vom Servicenehmer zu tragen ist. Diese Last (z.B. Polling) kann im Einzelfall signifikant sein. Sinnvoll ist, lediglich die übertragenen Daten zur Verrechnung heranzuziehen und den Preis pro übertragenem Megabyte dafür etwas höher zu wählen. Bei dieser Vorgehensweise gibt es keine Diskussionen, warum eine netzbedingte Grundlast von z.B. 20 bis 30 % erzeugt wird und wie man diese reduzieren könnte.

Auch hier ermöglicht das Preismodell die transparente Weiterbelastung der Kosten, sofern der Servicegeber ein leistungsfähiges Abrechnungssystem der Netzdaten zur Verfügung stellt.

Personalleistungen
Bei jedem Outsourcing-Vertrag stellt sich die Frage, zu welchen personellen Leistungen der Servicegeber verpflichtet ist und welche er gesondert abrechnen darf. Hinter dieser Fragestellung ist vielleicht sogar *die* unbekannte Größe eines Outsourcing-Vertrages zu sehen. Läßt sich der prognostizierte Hardware- und Softwarebedarf noch einigermaßen gut planen oder zumindest kostenmäßig begrenzen, gelingt das bei Personalleistungen nicht immer. Voraussetzung ist, daß im Vertrag eine genaue Definition der personell vom Servicegeber zu erbringenden Leistungen vorgenommen wird (s. Kapitel Aufgabenabgrenzung).

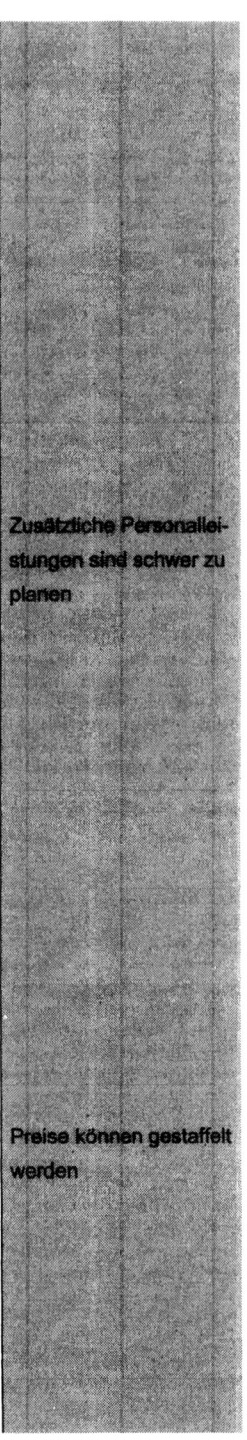

Zusätzliche Personalleistungen sind schwer zu planen

Liegt eine Definition der vom Servicegeber zu erbringenden personellen Leistungen vor, so ist der Preis leicht festzulegen, entweder über Tages- oder über Stundensätze.

Es ist davon abzuraten, die Preise nach Anforderungsprofil zu stark zu staffeln. Es sollten nicht mehr als drei verschiedene Know-How-Ebenen definiert werden wie:

- Seniorberater (Projektleiter, Planer etc.)
- Programmierer (Anwendung, System, Netz etc.)
- Systembetreiber (Arbeitsvor-/nachbereitung, Systemsteuerung etc.)

Die Preise können gestaffelt werden. Bei entsprechenden Mengenabnahmen sollten die vereinbarten Sätze sinken und auch rückwirkend anerkannt werden. So lassen sich die Kosten bei größeren Abnahmemengen zumindest begrenzen. Die vereinbarten Sätze sollten dabei an den für den Servicegeber tatsächlich entstehenden Kosten orientiert sein und nicht an den im Beratungsumfeld oft üblichen Tagessätzen von mehr als 2000,-- DM.

Preise können gestaffelt werden

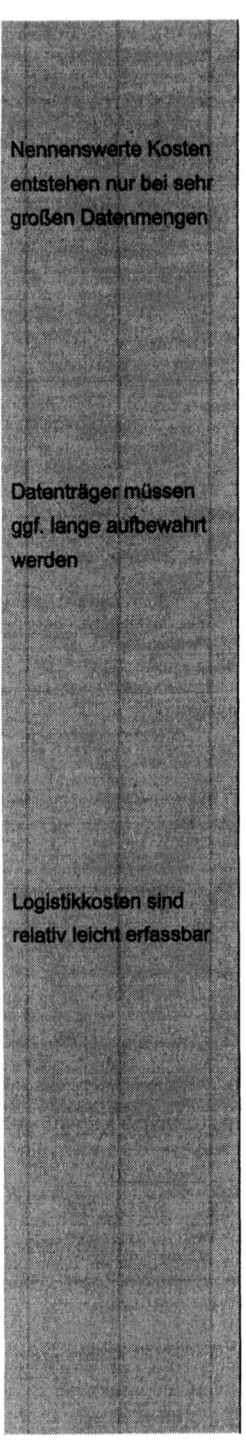

Nennenswerte Kosten entstehen nur bei sehr großen Datenmengen

Datenträger müssen ggf. lange aufbewahrt werden

Logistikkosten sind relativ leicht erfassbar

Datenträger
Datenträger sind alle transportablen Speichermedien wie Bänder, Kassetten, Disketten, CD-ROMs, Microfiches etc. Nennenswerte Kosten entstehen nur dann, wenn Datenträger in erheblichem Umfang benötigt werden. Dies ist dann der Fall, wenn sie aufgrund gesetzlicher Anforderungen längere Zeit aufbewahrt werden müssen. Das erhöht einerseits die Datenträgermenge, andererseits müssen technologische Maßnahmen ergriffen werden, daß solche Daten auch in zehn Jahren tatsächlich noch lesbar sind. In vielen Fällen wird das nur durch ein regelmäßiges Umkopieren auf modernere Speichermedien möglich sein, was bei großen Mengen sowohl material- als auch personalintensiv ist. Es kann entweder ein Preis pro benutztem Datenträger vereinbart werden oder, was häufiger geschieht, für einen physischen Datenträgerzugriff, also das Einlegen eines Datenträgers in ein Lesegerät, z.B. ein Bandlaufwerk. Bei der Vereinbarung eines Preises pro Zugriff ist allerdings Vorsicht geboten, da hier schnell verdeckte Kosten entstehen können, wenn keine genaue Prognose über die tatsächlich benötigten Zugriffe verfügbar sind.

Logistik
Logistikkosten können überall da entstehen, wo der Servicegeber im Auftrag des Servicenehmers auch den Versand von Materialien, Druckausgaben etc. übernimmt. Diese Kosten sind relativ leicht erfassbar und können auch gut intern an die verursachende Fachabteilung weiterbelastet werden.

Preismodelle
Es sind grundsätzlich drei Preismodelle zu unterscheiden:

- Festpreisorientierung
- Geschäftsvorfallorientierung
- Verbrauchsorientierung

Festpreisorientierung
Hierbei handelt es sich um einen aus Servicenehmersicht günstigen Fall, nämlich eine reine Festpreisvereinbarung ohne variablen Anteil. Allerdings ist das

eine rein theoretische Möglichkeit, denn der Servicenehmer wird immer Bandbreiten der Leistung definieren wollen und müssen. Der Servicegeber wird kaum
bereit sein, größere Bandbreiten zu einem pauschalen
Festpreis anzubieten, es sei denn, er orientiert sich
preislich an der Obergrenze bzw. er schlägt einen erheblichen Risikofaktor auf. Dies ist dann für den Servicenehmer wiederum preislich nicht akzeptabel. Oft
wird aber auf Basis des prognostizierten Bedarfs ein
Jahresfixpreis vereinbart, der dann um Mehr- und
Minderpreisregelungen ergänzt werden kann.

*Festpreise ohne varia-
blen Anteil kommen in
der Praxis selten vor*

Geschäftsvorfallorientierung
Die Orientierung des Preises an Geschäftsvorfällen
des Servicegebers findet sich in Outsourcing-Verträgen immer häufiger. Die Gründe dafür sind:

*Geschäftsvorfallorien-
tierte Preise sind zu-
nehmend häufiger zu
finden*

- Koppelung der EDV-Kosten an die Geschäftsvor-
  fälle des Servicenehmers
- Beteiligung des Servicegebers am geschäftlichen
  Risiko des Servicenehmers; es entsteht eine mehr
  partnerschaftlich orientierte Beziehung
- Höhere Gewinne für den Servicegeber, wenn er
  durch moderne EDV-Technologie und Flexibilität
  zur Verbesserung des Geschäftsergebnisses des
  Servicenehmers beiträgt
- Klar definierbare EDV-Kosten pro Geschäftsvor-
  fall
- Transparente und leicht weiterzubelastende EDV-
  Kosten
- EDV-Kosten sind keine Fixkosten, sondern varia-
  ble Kosten

Verschiedene Geschäftsvorfälle können zur Preisbe-
rechnung herangezogen werden. Ebenso ist die Vereinbarung eines Mindest- oder auch Höchstpreises
denkbar, um das betriebswirtschaftliche Risiko über-
schaubar zu halten.

Für den Servicegeber stellt dieses Modell ein erheblich höheres Risiko dar, weil EDV-Kosten stark
fixblockorientiert sind und er die Geschäftsentwicklung des Servicenehmers nicht genau vorhersagen
kann.

*Geschäftsvorfallorien-
tierte Preise stellen
Risiko für Servicegeber
dar*

Der Servicegeber wird sich natürlich genau überlegen, bei welchem Servicenehmer er bereit ist, dieses Risiko einzugehen. Letztenendes ist es seine Managemententscheidung, die individuell zu treffen ist. Ein fiktives Beispiel soll die Problematik verdeutlichen:

"Angenommen, eine Bank lagert ihre EDV aus. Ein mögliches geschäftsvorfallorientiertes Preismodell im Bereich der Girokonten wäre, pro Kontobewegung einen bestimmten DM-Betrag X an EDV-Kosten zu vereinbaren, die dann an den Servicegeber zu zahlen sind. Der EDV-Kostenanteil wird auf Grundlage einer bestimmten Annahme von Kontobewegungen berechnet, die die Basis für die Preisermittlung ist. Finden mehr Kontobewegungen statt, steigt direkt der Gewinn der Bank, aber auch der des Servicegebers. Obwohl jede zusätzliche Kontobewegung auch zusätzliche EDV-Aktivitäten und damit Kosten bedeutet, sind die tatsächlich entstehenden EDV-Kosten geringer, da der Fixkostenanteil bereits über die Basiskalkulation abgedeckt ist. Umgekehrt ist das der Fall, wenn weniger Kontobewegungen verbucht werden. Hier entstehen Verluste."

Ein noch einfacheres Modell ist die Vergütung auf Basis eines bestimmten prozentualen Anteils am Gesamtumsatz des Servicenehmers. Für das Controlling, das diese Meßgröße als eine Kerngröße zur Bestimmung der Effektivität der Datenverarbeitung verwendet, ist das sicher ein optimaler Wert. Allerdings ist das Risiko für den Servicegeber noch erheblich höher, so daß sich dieses Modell in der Praxis kaum findet.

Verbrauchsorientierung
Dies ist das in Outsourcing-Fällen wohl am häufigsten angewandte Preismodell. Es handelt sich um die Kombination aus einem Festpreisbasisanteil und einem variablen Preisanteil, der sich am Verbrauch orientiert. Der Festpreis bezieht sich dabei auf eine definierte Basis. Je nach Verbrauch werden variable Preise festgelegt, die bis zu einer bestimmten Ober- bzw.

Untergrenze gelten. Variable Kosten können für viele Parameter definiert werden. Beim verbrauchsorientierten Modell stellt sich die Frage, ob variable Kosten nur im Falle eines Mehrverbrauches vom Servicegeber zusätzlich berechnet werden oder ob im Falle eines Minderverbrauches auch eine Rückvergütung an den Servicenehmer erfolgt. Der Servicenehmer sollte lediglich ein Modell mit Mehr- und Minderverbrauch akzeptieren und darauf achten, daß die Mehrverbrauchs- und Minderverbrauchspreise pro Kategorie identisch sind.

Aus Servicenehmersicht ist nicht einsichtig, daß im Falle eines Minderverbrauchs geringere Beträge rückvergütet werden als bei gleichhohem Mehrverbrauch zusätzlich belastet worden wären. Die oft verwendete Argumentation, daß die Kapazitäten (Rechner, Platten etc.) vom Servicegeber vorgehalten werden müßten, ist zumindest für große Outsourcing-Anbieter nicht nachvollziehbar. Diese sollten in der Lage sein, durch Parallelbetrieb mehrerer Servicenehmer diesen Mehr- und Minderverbrauch zu kompensieren. Allerdings ist dies nur innerhalb bestimmter Grenzen möglich, und eine spontane Vervielfachung des Verbrauchs wird selbst große Anbieter in Schwierigkeiten bringen. Aus diesem Grund wird der Servicegeber nicht bereit sein, beliebig hohen Mehrverbrauch vertraglich zuzulassen. Genauso verhält es sich auch mit dem Minderverbrauch, der, sofern signifikant weniger abgenommen wird als geplant, aus einem profitabel kalkulierten Vertrag schnell ein Verlustgeschäft macht. Schwankungsbreiten des Mehr- und Minderverbrauchs werden üblicherweise zwischen 10 und 30 % angesetzt, je nach Höhe des Basisverbrauchs und sonstigen, individuellen Faktoren.

Bei einem hohen Basisverbrauch sollte auch überlegt werden, ob bei konstant anfallendem Mehrverbrauch ein zusätzlicher Mengenrabatt gewährt werden kann, denn die Mehrverbrauchspreise werden höher sein, als die zur Basiskalkulation herangezogenen Werte. Nach fest definierten Zeitspannen, z.B. jährlich, sollten eine Überprüfung der Verbrauchszah-

Verhältnis Rückvergütung bei Minderverbrauch und Belastung bei Mehrverbrauch stimmt häufig nicht

Bei konstantem Mehrverbrauch sollte Mengenrabatt gewährt werden

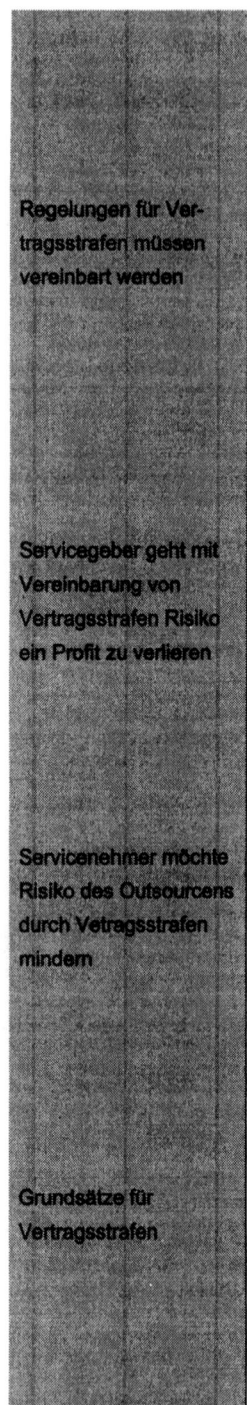

len und gegebenenfalls eine Justierung des Basisverbrauchs vorgenommen werden.

Vertragsstrafen

Unter Vertragsstrafen sind Gutschriften zu verstehen, die der Servicegeber gewährt, wenn er zugesagte Leistungen nicht oder nicht in der zugesagten Form einhält. Juristisch gesehen stellen die Vertragsstrafen einen pauschalierten Schadensersatz dar. Mit der Zahlung sind normalerweise alle weiteren Ansprüche für den konkreten Schadensfall abgegolten. Auch aus diesem Grund ist es sinnvoll, die Vertragsstrafen genau zu regeln.

Die Fragestellung ob, wann und in welcher Form Vertragsstrafen verlangt werden, gehört zu den am meisten diskutierten Aspekten bei Outsourcing-Verträgen. Die Interessenslagen sind verschieden. Der Servicegeber hat das Angebot wahrscheinlich straff durchkalkuliert und sieht in den Vertragsstrafen die Gefahr, jeglichen Profit aus dem Vertrag zu verlieren. Er weiß, daß er immer einmal in die Situation kommen wird, bestimmte zugesagte Leistungen nicht einhalten zu können. Eine strenge Regelung stellt für ihn mithin ein nennenswertes betriebswirtschaftliches Risiko dar. Der Servicenehmer erwartet vom Servicegeber die Einhaltung der zugesagten und schließlich auch bezahlten Leistungen aus dem Vertrag. Er geht mit der Verlagerung der EDV ein Risiko ein und möchte dieses betriebswirtschaftlich durch Regelungen mindern. Außerdem erwartet er vom Servicegeber eine hohe Professionalität und dessen Versuch, Vertragsstrafenregelungen abzulehnen ist keine vertrauensbildende Maßnahme.

Es ist schwierig, einen allgemeinverbindliche Lösungsweg zu definieren. In Abb. 7.25 sind die Grundsätze für Vertragsstrafen zusammengestellt.

- Vertragsstrafen sind Druckmittel.
  Sie müssen definiert werden, damit der Servicenehmer für den Fall schlechter Leistungen ein betriebswirtschaftliches Druckmittel hat, ohne gleich mit Kündigung drohen zu müssen.

Marginalien (linke Spalte):

Regelungen für Vertragsstrafen müssen vereinbart werden

Servicegeber geht mit Vereinbarung von Vertragsstrafen Risiko ein Profit zu verlieren

Servicenehmer möchte Risiko des Outsourcens durch Vetragsstrafen mindern

Grundsätze für Vertragsstrafen

- Vertragsstrafen müssen wirtschaftlich spürbar sein.
  Ihre Höhe muß für den Servicegeber wirtschaftlich
  spürbar sein. Eine Richtgröße zur Festlegung der
  Strafenhöhe könnte der kalkulierte Gewinn des
  Servicegebers sein, der zwischen 15 und 30 Pro-
  zent der Jahresbetriebsgebühr liegen dürfte.

- Vertragsstrafen betreffen den Service als ganzen.
  Sie sollten für alle wesentlichen Servicezusagen,
  insbesondere Verfügbarkeit und Antwortzeit definiert werden.

- Vertragsstrafen greifen nur bis zu einem gewissen
  Grad. Für den Fall, daß der Servicegeber mehrfach
  Vertragsstrafen zahlen muß, sollte sich der Servicenehmer ein außerordentliches Kündigungsrecht
  einräumen, denn dann ist der Servicegeber offen-
  sichtlich nicht in der Lage, eine konstant gute Leistung zu erbringen. Ob von dem Kündigungsrecht
  dann Gebrauch gemacht wird, kann individuell entschieden werden.

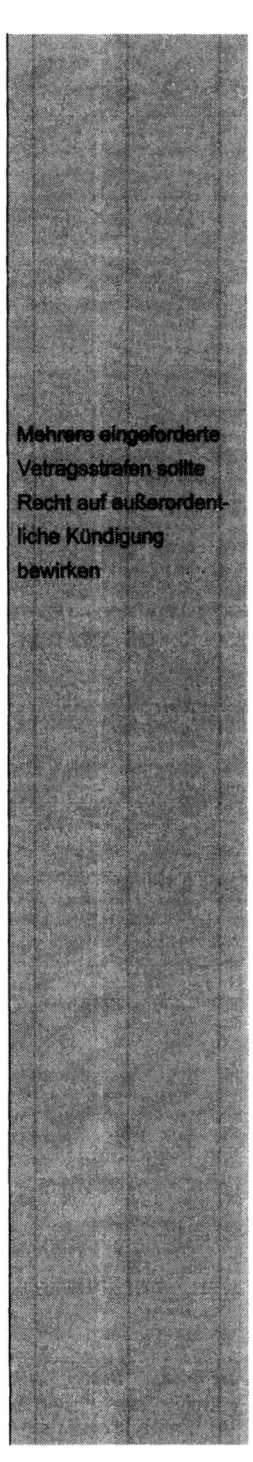

Mehrere eingeforderte
Vetragsstrafen sollte
Recht auf außerorden-
liche Kündigung
bewirken

- Vertragsstrafen können gestaffelt sein.
  Ihre Höhe sollte bei mehrfachem Nichteinhalten
  der Servicevereinbarungen signifikant steigen.

Natürlich wird der Servicegeber eine Reihe von Ausnahmen definieren, in denen er keinen Vertragsstrafen zu leisten hat. Übliche Ausnahmen sind:

- Stabilisierungsphase nach der Übernahme
  Unter einer Stabilisierungsphase wird die Zeit unmittelbar nach Übernahme der Betriebsverantwortung durch den Servicegeber bzw. der Verlagerung
  des Rechenzentrums verstanden.

- Vertragsstrafen sind Druckmittel
- Vertragsstrafen müssen wirtschaftlich spürbar sein
- Vertragsstrafen betreffen den Service als ganzen
- Vertragsstrafen greifen nur bis zu einem gewissen Grad
- Vertragsstrafen können gestaffelt sein

Abb. 7.25 Grundsätze für Vertragsstrafen

In der Stabilisierungs-
phase sollten keine
Vertragsstrafen
erhoben werden

Vertragsstrafen sollten
spätestens nach drei
Monaten Produktions-
betrieb greifen

Servicegeber haftet
nicht für Höhere Gewalt

Servicegeber haftet
nicht für Fehler des
Servicenehmers

In bestimmten Fällen
haftet Servicegeber
auch für Fehler Dritter

- Es ist verständlich, daß eine bestimmte Zeit in Anspruch genommen werden muß, in welcher der
Service in der neuen Umgebung stabilisiert wird.
Selbst bei aller Professionalität muß realistisch gesehen in der ersten Betriebsphase von einer erhöhten Anzahl von Störungen ausgegangen werden.
Oft hat der Servicenehmer daran einen nennenswerten Anteil, z.B. wenn Dokumentationen der
Programmabläufe nicht oder nicht aktuell vorliegen. In den meisten Fällen sollte es dem Servicegeber aber gelingen, den gewünschten und vertraglich zugesagten Service innerhalb von zwei bis
drei Monaten zu erbringen. Die Vertragsstrafenre-
gelung sollte spätestens nach diesem Zeitraum
einsetzen.

- Höhere Gewalt
Daß der Servicegeber nicht für Höhere Gewalt haftet, wurde bereits im Kapitel Haftung beschrieben.

- Servicenehmer hat einen Ausfall verursacht
Daß der Servicegeber nicht für vom Servicenehm-
mer verschuldete Ausfälle zu Vertragsstrafen herangezogen werden möchte, ist verständlich. Im
Einzelfall ist schwer zu beweisen, ob tatsächlich
ein Verschulden des letztgenannten vorliegt. Ein
solcher Fall könnte eintreten, wenn ein Fehler in
vom Servicenehmer selbst entwickelten und be-
treuten Anwendungen vorliegt. Ein solcher Nach-
weis ist in der heterogenen Soft- und Hardware-
landschaft schwer zu führen. Eine pauschale
Schuldzuweisung strittiger Fälle wird der Servicegeber aber nicht akzeptieren, so daß bei dieser
Grauzone an das partnerschaftliche Verhältnis
apelliert werden muß.

- Dritter hat einen Ausfall verursacht
Denkbar ist, daß ein Fehler in der Standardsoftware, z.B. einem Betriebssystem, vorliegt, das der
Servicegeber selbst von Dritten erworben hat. Dieser Aspekt ist bereits im Kapitel Haftung und Gewährleistung vorgestellt worden. Ungeachtet von

der bereits beschriebenen Problematik, den Fehler eindeutig zuzuordnen, ist hier zu definieren, ob der Servicegeber auch in solchen Fällen Vertragsstrafen zahlt.

Abschließend sollte festgehalten werden, daß Vertragsstrafen ein wichtiges Steuerungsinstrument für den Servicenehmer darstellen, das er sorgfältig vertraglich absichern sollte.

Rechnung

Die Zahlungskonditionen können im Vertrag individuell festgelegt werden. Denkbar ist der Extremfall, daß der Servicenehmer aus bilanztechnischen Gründen die Jahresbetriebsgebühren für die gesamte Laufzeit, im voraus zahlt. Üblich ist die Aufteilung der Vergütung in Jahresbetriebsgebühren, die quartalsweise oder halbjährlich gestückelt in Rechnung gestellt werden. Möglich sind auch Monatsabrechnungen. Es ist zu bedenken, daß aufgrund der Komplexität der Abrechnung von einem nicht unerheblichen Erstellungs- bzw. Prüfungsaufwand ausgegangen werden muß. Außerdem müssen die der Rechnung zugrunde liegenden Zahlen zunächst interpretiert und verstanden werden, was meistens in Besprechungen der Projektbeauftragten geschieht. Die Frage, ob im voraus oder nachträglich gezahlt wird, ist dabei unerheblich.

Aus praktischen Gründen, nämlich zur Abrechnung des Mehr- bzw. Minderverbrauchs, empfiehlt sich aber eine nachträgliche Abrechnung. Danach nämlich können in einer Rechnung die Basisgebühr und Mehr- und Minderverbrauch für den gleichen Zeitraum abgerechnet werden.

Festzulegen ist auch der Zahlungsbeginn, der üblicherweise mit der Übernahme der Betriebsverantwortung zusammenfällt. Falls dies nicht gleichzeitig der Vertragsbeginn ist, muß der Zahlungsbeginn explizit definiert werden.

Anforderungsprognose

Eine weitere Kernfrage jedes Outsourcing-Vertrags ist die verläßliche Prognose des zukünftigen Bedarfs.

Zahlungskonditionen werden vertraglich geregelt

Rechnungen verursachen einen erheblichen Prüfungsaufwand

Zahlungsbeginn muß festgelegt werden

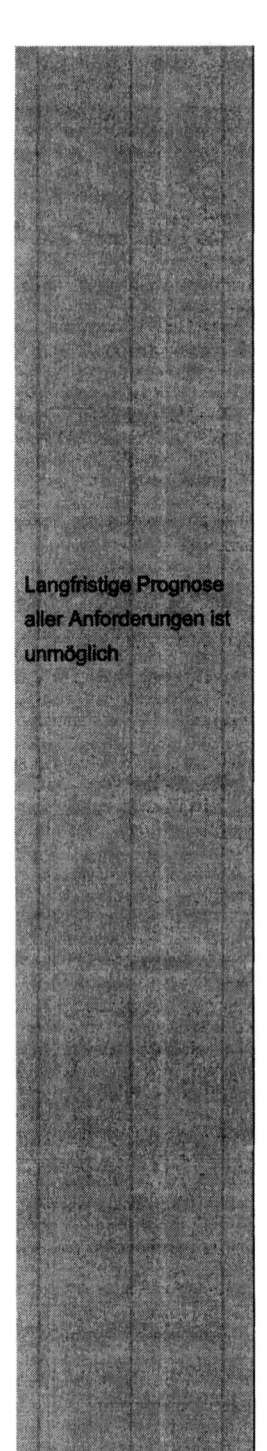

Langfristige Prognose aller Anforderungen ist unmöglich

Dies ist wesentlich, denn

- bei einer Fehleinschätzung des Verbrauchs können erhebliche Mehrverbrauchskosten entstehen, oder es wird eine Basisleistung bezahlt, die gar nicht genutzt wird,
- eine Prognose technologischer Entwicklungen und daraus abgeleitete Staffelpreise, z.B. für Rechnerkapazitäten kann schnell von der Realität überholt werden,
- neue Anforderungen und Projekte der Fachabteilungen können sich ebenfalls in signifikant höheren Kosten für zusätzlichen Personaleinsatz niederschlagen.

Eine verläßliche Prognose der Anforderungen ist für den Servicenehmer äußerst wichtig. Es ist daher verständlich, daß er versuchen wird, alle Eventualitäten der zukünftigen Entwicklung im voraus zu erkennen und vertraglich abzubilden.

Es ist gänzlich unmöglich, die Entwicklungen und den Bedarf für einen Zeitraum von drei Jahren, geschweige denn für zehn Jahre genau vorherzusehen und bereits bei Vertragsabschluß betriebswirtschaftlich zu optimieren. Die wesentlichsten Gründe für diese Aussage sind:

- Neue Technologien und Entwicklungssprünge der Hardware in immer kürzeren Abständen
- Neue Softwaretechnologien und mit objektorientierten Sprachen, entwickelte Anwendungen sowie "Rapid-Application-Development"
- Geschäftsprozeßorientierte Anwendungen
- Weltweite Vernetzung mit Hochgeschwindigkeitsnetzen
- Virtuelle, weltweit tätige Unternehmen
- Neue Marketingtechniken (Internet)

Die Situation heute ist sicher vergleichbar mit der vor zehn Jahren. Welcher Outsourcing-Vertrag hätte die Entwicklung in dieser Zeit vorhersehen können? Daraus ergibt sich als Konsequenz, daß bei der zukunftsorientierten Festschreibung von Preisen, die auf extrapolierten Technologieentwicklungen basieren, sehr sensitiv vorgegangen werden muß.

Es ist zu beachten:

- Festlegen der Preise bei gleichzeitiger Vereinbarung einer Meistbegünstigungsklausel die aussagt, daß die Preise gesenkt werden, wenn die Marktpreise eindeutig niedriger sind als die vereinbarten.
- Regelmäßige Anpassung der Preise an von unabhängigen Instituten ermittelten Marktpreise.

Zur erstgenannten Variante wird wohl der Servicegeber nicht zustimmen, denn dann lastet das gesamte Risiko auf ihm. Bei der zweiten Variante stellt sich die Frage nach der Benennung und Verläßlichkeit eines unabhängigen Instituts. Eine über alle Zweifel erhobene Instanz, an der man sich orientieren kann, gibt es nicht. Dennoch erscheint die letztere Variante als die für alle Beteiligten gerechteste Methode. Der Servicegeber wird so auch indirekt gezwungen, schnell moderne Technologien einzusetzen, denn nur so kann er bei fallenden Hardwarepreisen profitabel arbeiten. Aus juristischen Gründen sollte der Vertrag auf jeden Fall eine generelle Klausel enthalten, die den Servicegeber dazu zwingt, seine Leistungen zu marktüblichen Preisen anzubieten. Im tatsächlichen Streitfall ist die Wirkung dieser Klausel zwar fragwürdig, aber sie zeigt zumindest die generelle Absicht beider Vertragspartner, daß die Basis ein marktüblicher Preis sein soll. Eine Prognose zukünftiger Projekte und den daraus resultierenden Personalaufwand ist dabei gänzlich aussichtslos.

7.6 Planung

Die konkrete Planungsphase wird in der Regel durch die Unterschrift beider Vertragspartner unter den gemeinsamen Vertrag ausgelöst. Sie ist nicht ausschließlich auf die eigentlichen Transferaktivitäten bzw. die Übernahme der Kapazitäten beschränkt, sondern

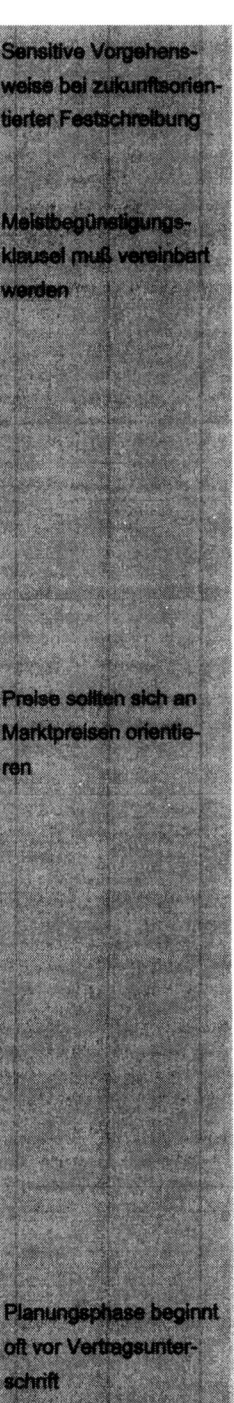

Sensitive Vorgehensweise bei zukunftsorientierter Festschreibung

Meistbegünstigungsklausel muß vereinbart werden

Preise sollten sich an Marktpreisen orientieren

Planungsphase beginnt oft vor Vertragsunterschrift

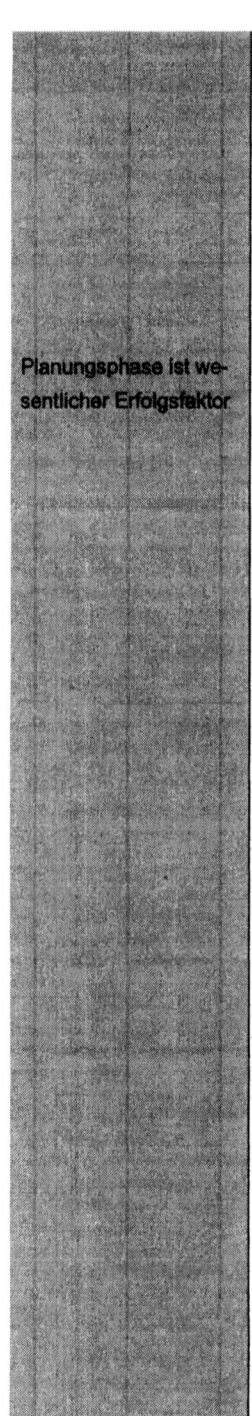

Planungsphase ist wesentlicher Erfolgsfaktor

bezieht sich bereits in diesem frühen Stadium auch auf den späteren Produktionsbetrieb.

Für den potentiellen Servicegeber empfiehlt es sich jedoch häufig, mit entsprechenden Planungen bzw. Planungsaktivitäten bereits vor dem eigentlichen Vertragsabschluß zu beginnen. Gründe hierfür können technischer und strategischer Natur sein. Aber auch der moralische Aspekt sollte nicht unerwähnt bleiben. Hat ein potentieller Servicegeber bereits Aufwand investiert, kann das Gefühl der moralischen Verpflichtung dazu beitragen, eine Entscheidung zu seinen Gunsten zu unterstützen.

Die Planungsphase ist grundlegend für den Erfolg der Verantwortungsübernahme. Sie ist daher mit allen tangierten Funktionen abzustimmen und zu verabschieden. Insbesondere der Servicenehmer muß mit in die Planung einbezogen werden, um sich über Engpässe und Problemstellungen rechtzeitig bewußt zu sein, um in der frühen Planungsphase reagieren zu können. In der technischen Planungsphase sind als Aktivitäten durchzuführen:

- Terminplanung
- Hardwareplanung
- Softwareplanung
- Netzplanung
- Archivplanung
- Kommunikationsplanung
- Kontrollplanung
- Testplanung
- Ausbildungsplanung
- Datensicherheitsplanung
- Katastrophenvorsorgeplanung
- Personalplanung
- Infrastrukturplanung

7.6.1 Terminplanung

Bei der Zeit- oder Terminplanung werden zwischen den beiden Zeitpunkten "Übernahme-Start-Meeting" und "Produktionsübernahme" alle Aktivitäten in eine logische Reihenfolge gebracht.

Üblicherweise wird zunächst ein Grobplan erstellt, der dann in einzelne logisch zusammengehörende und in sich abgeschlossene Detailpläne untergliedert wird. Um eine bessere Kontrolle und Reaktionszeiten bei Planabweichungen sicherzustellen, müssen Kontrollpunkte ebenso wie Pufferzeiten zum Aufarbeiten von Planabweichungen vorgesehen werden.

Ganz wesentlich ist hier, daß für die einzelnen Pläne Verantwortlichkeiten definiert werden. Zur Darstellung eines Terminplans bieten sich die nachfolgend genannten Techniken an:

Listungstechnik
Hier erfolgt eine tabellarische Auflistung der wichtigsten Informationen. Die einzelnen Aktionen sind in Abb. 7.26 tabellarisch dargestellt.

GANNT-Technik
Im Unterschied zur Listungstechnik wird die Terminierung graphisch dargestellt (Abb. 7.27).

Netzplantechnik
Sicherlich die aufwendigste, aber auch durchgängigste und vollständigste Technik. Nach der DIN 69900-Definition ist die Netzplantechnik geeignet zur Darstellung "aller Verfahren zur Analyse, Beschreibung, Planung, Steuerung von Abläufen auf der Grundlage der Graphentheorie, wobei Zeit, Kosten, Einsatzmittel und weitere Einflußmöglichkeiten berücksichtigt werden können". Die Einzeltätigkeiten werden in ihrer zeitlichen Reihenfolge durch Kreise (Punkte) und Strecken abgebildet, was einen Netzplan ergibt. Er bildet die zeitliche Struktur der Operationen des Projektes ab und stellt ein sogenanntes Ermittlungsmodell dar. Die Vorteile gegenüber anderen Techniken sind:

- Komplexe Darstellungsmöglichkeit
- Darstellung von Abhängigkeiten
- Berücksichtigung mehrerer Zeitpunkte
- Vorwärts- und Rückwärtsterminierung
- Definition kritischer Pfade

Nr.	Aktion	Termin	Verantwortl.
1	Übernahme-Start-Meeting	01.10.1997	A. Stern
2	Etablierung Übernahme-Team	07.10.1997	A. Stern
3	Definition Komponenten	08.10.1997	M. Schmitt
4	Aufbau Management-System	14.10.1997	W. Lill
5	Aufbau Administration	14.10.1997	M. Schmitt
6	Erstellung Detailplan	04.11.1997	W. Lill
7	Schulung Mitarbeiter	11.11.1996	L. Schön
8	Aufbau Environment	18.11.1997	G. Brömser
9	Erstellung Betriebshandbuch	18.11.1997	G. Brömser
10	Transfer Personal	11.11.1996	K. Schön
11	Transfer Betriebshardware	11.11.1997	K. Schön
12	Transfer Betriebsdaten	13.11.1996	K. Schön
13	Transfer Anwendungsdaten	18.11.1997	K. Schön
14	Gesamttest	02.12.1997	A. Stern
15	Parallelbetrieb	05.12.1997	K. Schön
16	Cutover	20.12.1997	A. Stern
17	Produktion	02.01.1998	A. Stern

Abb. 7.26 Terminplan nach Listungstechnik

Unterstützende Netz-
plansoftware ist
verfügbar

Der wesentliche Nachteil der Aufwendigkeit kann durch die heutigen Softwarelösungen aus der Welt geschafft werden. Als Beispiel für die zahlreiche Netzplansoftware sei hier das Produkt "MS Project" von Microsoft genannt. Diese sehr verbreitete Software ermöglicht die Erstellung von komplexen Zeitplänen und ihre Umsetzung in handhabbare Darstellungsformen.

7.6.2 Hardwareplanung

In der Planungsphase sind für die Hardware nachfolgend genannte Aspekte zu berücksichtigen:

Hardwaretypen
Die Hardwaretypen umfassen das gesamte Spektrum im Umfeld eines Rechenzentrums. Es sind dies vornehmlich:

- Rechnerumgebung (Großrechner, Mittlere Systeme, Server, Kontrolleinheiten, Personal Computer)

Nr.	Aktion	Verantwortl.
1	Übernahme-Start-Meeting	A. Stern
2	Etablierung Übernahme-Team	A. Stern
3	Definition Komponenten	M. Schmitt
4	Aufbau Management-System	W. Lill
5	Aufbau Administration	M. Schmitt
6	Erstellung Detailplan	W. Lill
7	Schulung Mitarbeiter	L. Schön
8	Aufbau Environment	G. Brömser
9	Erstellung Betriebshandbuch	G. Brömser
10	Transfer Personal	K. Schön
11	Transfer Betriebshardware	K. Schön
12	Transfer Betriebsdaten	K. Schön
13	Transfer Anwendungsdaten	K. Schön
14	Gesamttest	A. Stern
15	Parallelbetrieb	K. Schön
16	Cutover	A. Stern
17	Produktion	A. Stern

Abb. 7.27 Terminplan nach GANNT-Technik

- Speicherumgebung (Platten-, Band-, Kassetten-speicher, Roboter)
- Peripherieumgebung (Drucker, Plotter, Bildschirme, Modems, Konzentratoren)

Uniforme Rechenzentren mit der Hardware nur eines Herstellers sind heute eher die Ausnahme. Kompatibilität ist das oberste Gebot. Für gewöhnlich gibt es aufgrund von Normierung und Standardisierung weniger Kompatibilitätsprobleme zwischen einzelnen Hardwaretypen als früher. Im Einzelfall kann es aber nach wie vor zu erheblichen Problemen kommen. Daher

Uniforme Rechenzentren sind die Ausnahme

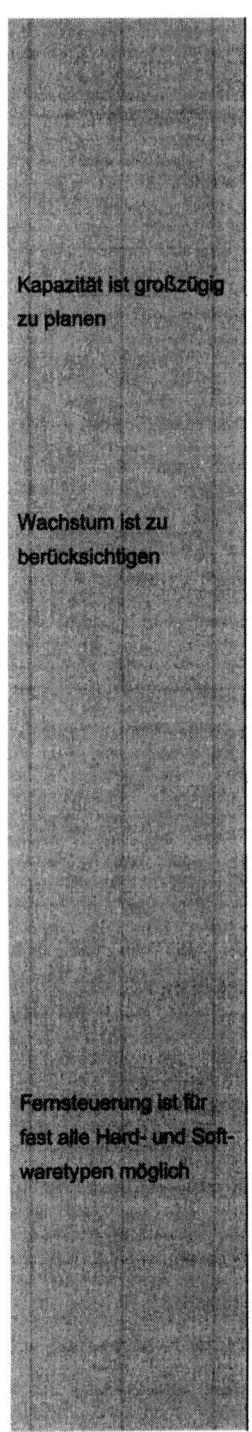

muß diesem Aspekt auch weiterhin Beachtung geschenkt werden.

Hardwarekapazität

Bereits im ersten Teil des Buches wurde darauf eingegangen wie die Leistungen der einzelnen Einheiten gemessen werden können.

Ein Grundsatz der Kapazitätsplanung gerade im Rechner- und Speicherumfeld sollte sein, daß nicht zu kleinlich dimensioniert wird. Es macht wenig Sinn, eine Anwendung auf einen Rechner zu legen, der noch genau oder nahezu diese Kapazität frei hat. Insbesondere kurzfristige Spitzenlasten müssen berücksichtigt werden.

Sowohl bei den Rechnern wie bei der Speicherumgebung ist Wachstum zu berücksichtigen. Entsprechende Kapazitäten sind daher entweder direkt vorzusehen oder zyklisch aufzubauen. Überlegenswert ist auch, ob die Anwendungen auf einem dedizierten Rechner laufen oder sich die Maschine als Subsystem mit anderen Servicenehmern im Hause des Servicegebers geteilt wird.

Durch das Voranschreiten der Client-Server-Architekturen sind insbesondere Personal Computer sowohl im Hauptspeicherbereich wie beim Plattenspeicher schnell an ihren Grenzen angelangt.

Erweiterungen sind auch hier vorzusehen. Gleiches gilt insbesondere für Modems und andere Kommunikationshardware.

Hardwaresteuerung

Die Überlegung, die Hardware aus einer anderen Lokation heraus zu steuern, bringt hinsichtlich der Flexibilität große Vorteile. Allerdings kann diese Fernbetreuung nicht für alle Hardwarebereiche gleich gut umgesetzt werden.

Steuerung Rechnerumgebung

Wenn die Programme und Anwendungen auf den Maschinen des Servicegebers betrieben werden, ist i.d.R. kein Umzug von "Eisen" erforderlich, es sei denn, die Rechner des Servicenehmers werden beim Servicegeber weiterverwendet. Die Steuerung wird dann aus einer seiner Lokationen durchgeführt. Dies kann direkt aber auch durch Fernbetreuung erfolgen. Bei letzterem ist ein stabiles Netz wesentliche Voraussetzung. Auch muß die Möglichkeit etabliert werden, das System bei einem kompletten Strom- oder teilweisem Netzausfall weiterzubetreuen, zum Beispiel über Wählleitungen. Im allgemeinen stellt es kein Problem dar, wenn das unmittelbare Rechnerumfeld in einer physisch anderen Lokation etabliert ist.

Eine weitere Möglichkeit besteht darin, daß der Servicenehmer sein Rechenzentrum physisch beibehält. Er ergänzt ggf. sein eigenes Personal durch die Steuerungsmannschaft eines Servicegebers, der seine Rechner vor Ort steuert und kontrolliert. Hierfür gibt es eigentlich, wie oben beschrieben, keinen technischen Grund mehr. Die Betreung kann durch die Fernsteuerung ebenso effektiv erfolgen.

Steuerung Speicherumgebung
Bei der Betreuung in der Lokation des Servicegebers übernehmen dies die entsprechenden dortigen Mitarbeiter. Zu beachten ist insbesondere für den Servicenehmer, daß es sich bei der Zurverfügungstellung um technisch moderne Hardware handelt. Sind Plattenspeicher ähnlich wie bei den Rechnern noch sinnvoll fernsteuerbar, so wird dies bei Kassetten- und insbesondere Bandeinheiten sehr schwierig. Auch beim Einsatz moderner Robotertechnologie sind weiterhin manuelle Eingriffe von mehr oder weniger geschultem Personal erforderlich. Dies kann entweder durch den Servicenehmer selbst oder den Servicegeber vor Ort durchgeführt werden.

Auch bei Robotereinsatz weiterhin manueller Aufwand

Kassetten- und Bandgeräte erfordern manuelle Eingriffe

Steuerung Peripherieumgebung
Normalerweise stehen Drucker und Plotter in der Lokation des Servicenehmers, da dieser den direkten Zugriff auf die Endbenutzergeräte benötigt. Ist dies einmal nicht der Fall, sind die gleichen operativen Hürden zu bewältigen wie bei der Speicherumgebung. Insbesondere ist der Aufbau umfangreicher Logistik erforderlich, um ggf. Datenausgaben vom Servicegeber zum Servicenehmer zu transportieren.

Bei allen drei genannten Steuerungsmöglichkeiten sind, gerade beim Outsourcing, Mischformen möglich und üblich. Es empfiehlt sich daher, aus den Alternativen diejenigen herauszufiltern, die für die spezielle Unternehmenssituation die günstigste in Service und Preis darstellt.

7.6.3 Softwareplanung

Bei der Software ist, ähnlich wie bei der Hardware, von unterschiedlichen Kategorien auszugehen. Man unterscheidet zwischen:

Betriebssoftware

Betriebssoftware sind die Programme, welche zum Betrieb eines Rechners benötigt werden. Dazu zählen neben Betriebssystemen auch Steuerungs-, Kontroll- und Überwachungsprogramme. Der wesentliche Faktor ist, daß sie alle standardisiert und als eine Art Grund- oder Basisausstattung zu betrachten sind.

Bei einem Outsourcing, bei dem das Rechenzentrum von einer Lokation zur anderen verlagert wird, bzw. in der Ziellokation ein neues System aufgebaut werden muß, ist die Betriebssoftware praktisch unabhängig von den restlichen Softwarearten. Sie kann vorinstalliert und muß nicht aufwendig von einem Ort zum anderen transportiert werden, obwohl es in vielen Fällen einfacher sein kann, auch diese Software mitzunehmen.

Anwendungssoftware
Die Anwendungssoftware besteht aus servicenehmerspezifischen Programmen. Diese können in zwei Gruppen unterteilt werden:

Standardisierte Anwendungssoftware
Hier werden bestimmte mehr oder weniger unangepaßte Softwarekomponenten von einem Softwarehaus eingekauft. Sie sind also auf dem freien Markt zu erwerben und beinhalten ein entsprechendes Maß an Standardisierung. Als typisches Beispiel ist hier die SAP-Software zu nennen.

Betriebssoftware ist standardisiert

Standardisierte Anwendungssoftware ist auf dem Markt zu erwerben

Individuelle Anwendungssoftware
Die Programme dieser Softwaregruppe sind sehr stark
an die Gegebenheiten des entsprechenden Nutzers angepaßt bzw. selbstentwickelt. Sie können dadurch
praktisch nur von ihm eingesetzt werden.

Da auch standardisierte Anwendungssoftware an
die individuellen Gegebenheiten eines Servicenehmers angepaßt sein kann, muß von Fall zu Fall untersucht werden, ob die Anwendungen zur Servicegeber-
lokation transportiert oder dort neu etabliert werden
müssen.

Zum Transport der Daten bieten sich folgende Möglichkeiten an:

1. Netztransport
Hier werden die Daten direkt über eine Netzverbin-
dung verschickt. Diese Transportart zeichnet sich
durch Schnelligkeit und geringen manuellen wie logi-
stischen Aufwand aus. Allerdings ist sie abhängig von
der Netzkapazität und für größere Datenmengen
ungeeignet.

2. Plattentransport
Die Daten können auf den Speichermedien transportiert werden, auf denen sie auch beim Servicenehmer
verarbeitet wurden, meistens Magnetplatten. Diese
können direkt transportiert werden, ohne daß vorher
kopiert werden muß. Der Nachteil besteht in der hohen Anfälligkeit dieser Speichermedien bei physischer Bewegung. Außerdem ist während des Trans-
portes und dem anschließenden Wiederaufbau kein
Rechnerbetrieb möglich, was diese Alternative für die
meisten Fälle unbrauchbar macht.

3. Bänder-/Kassettentransport
Bei dieser Variante werden die Daten auf Bänder oder
Kassetten kopiert. Es müssen eine Vielzahl von diesen entsprechenden Speichermedien bereitgestellt und
transportiert werden, was den Aufbau einer häufig
sehr komplexen Logistik und Planung erforderlich
macht. Der Datenverarbeitungsbetrieb kann aber in
der Zwischenzeit weiterlaufen.

Individuelle Anwen-
dungssoftware ist stark
an Servicenehmergege-
benheiten angepaßt

Netzübertragung ist
sehr schnell

Der Transport von Soft-
ware und Daten erfolgt
meist über Kassetten

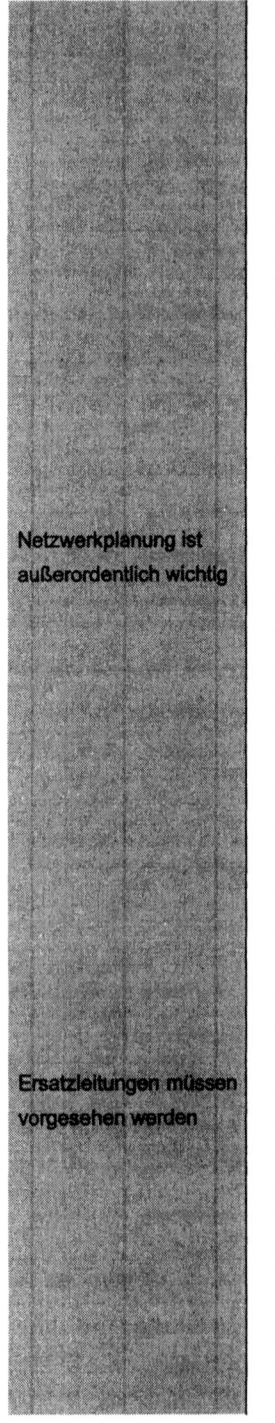

Anwendungsdaten
Anwendungsdaten sind die eigentlichen Nutzungsin-
formationen. Sie werden vom Benutzer über Anwendungsprogramme eingegeben und manipuliert. Diese
Datengruppe ist die sensitivste für ein Unternehmen
und daher entsprechend zu behandeln. Im Prinzip
können hier die gleichen Transportarten wie bei der
Anwendungssoftware zum Zuge kommen. Vor dem
Hintergrund der Sensibilität sollten verschiedene Si-
cherheitsmechanismen wie Transportbegleitung o.ä.
etabliert werden.

7.6.4 Netzplanung

Die Planung des Netzwerks ist für den späteren Betrieb außerordentlich wichtig. Dies gilt besonders,
wenn zusätzliche Standorte zu berücksichtigen und
die Netzwerkknoten vom Servicenehmer in das Rechenzentrum des Servicegebers verlagert werden sollen. Folgende Inhalte müssen definiert und festgelegt
werden:

- Netzkapazitäten
- Netzprotokolle
- Netzhardware
- Netzsoftware
- Netzadressen
- Netzsegmentierung
- Netzersatzverbindungen
- Netzmanagement

Je kritischer die Netzverfügbarkeit für den jeweiligen
Servicenehmer ist, desto mehr muß auch für Ersatz
(Backup) nicht nur der Leitungen, sondern des ge-
samten Netzes gesorgt werden. Die gilt nicht nur für
Weitverbundnetze (WANs), sondern auch für lokale
Netze (LANs).

Die technischen Fragestellungen sind im allgemeinen sehr komplex, so daß bei größeren Projekten
spezielle Teams zur Lösung der o.g. Aspekte zusammengestellt werden sollten.

Netzwerkplanung ist
außerordentlich wichtig

Ersatzleitungen müssen
vorgesehen werden

7.6.5 Archivplanung

Im Archiv werden dedizierte Datenbestände verwaltet. Bei einer Verlagerung kommen wesentliche logistische und organisatorische Aufgaben auf den Servicenehmer zu. Als Aspekte sind hier zu nennen:

Bestand
Es muß eine Ist-Aufnahme aller existierenden Datenbestandsträger (Bänder, Kassetten, Disketten, CD-ROM etc.) im Archiv durchgeführt werden. Häufig wird dies vernachlässigt, was sich bei der Verlagerung später meist rächt.

Eine gewissenhafte, dokumentierte Ausgangs- wie Eingangskontrolle ist auch aus Revisionsgründen erforderlich. Regelmäßige Inventuren, abgenommen vom Servicenehmer, stellen eine Fortführung der gewissenhaften Bestandskontrolle sicher.

Datensicherheit
Im Archiv des Servicegebers muß sichergestellt sein, daß die Datenbestände eindeutig von denen anderer Servicenehmer unterschieden werden können. Dies kann durch Farbmarkierungen und entsprechende Nummernsysteme und -kreise erfolgen. Ebenso ist eine Zutrittsregelung zu etablieren.

Lediglich ein überschaubarer Mitarbeiterkreis darf Zutritt haben. Besonders hier gilt die Regel "Need to have", d.h. nur die Mitarbeiter haben eine Zutrittsberechtigung, die auch von Ihrer Aufgabe her die Notwendigkeit besitzen. Weiterhin muß sichergestellt sein, daß der Zutritt auch festgehalten und dokumentiert wird.

Auslagerung
Aus Gründen der Wiederherstellung im Katastrophenfall ist ein Prozeß zu etablieren, wie und wann die Daten ausgelagert werden. Hierbei muß der Servicenehmer definieren, welche Daten für ihn als besonders sensitiv zu behandeln und auszulagern sind. Die Auslagerungslokation muß sicherheitstechnisch klar vom Archiv abzugrenzen sein und sollte sich in einiger räumlicher Entfernung befinden.

Das Archiv muß sicherheitstechnisch und revisionsmäßig den Ansprüchen genügen

Zutritt erhalten nur die Mitarbeiter mit "Need to have"

Kritische Daten sollen ausgelagert werden

Der Einsatz von Robotern ist zu empfehlen

Roboter

Der Einsatz von Robotern ist sehr zu empfehlen. Als seine wesentlichen Vorteile sind zu nennen:

- Reduzierung Personaleinsatz
- Geringer Platzbedarf
- Schnelle Zugriffszeiten
- Minimierung Fehlerhäufigkeit

Als Negativum wären lediglich die Anschaffungskosten sowie die Spezialisierung auf bestimmte Arten von Speichermedien zu nennen.

7.6.6 Kommunikationsplanung

Die Kommunikation auf fachlicher Ebene zwischen Servicenehmer und Servicegeber ist sicherlich eine ebenso heikle wie wichtige Komponente im Outsourcing-Geschäft.

Funktionierende Kommunikation trägt wesentlich zum Erfolg des Projekts bei

Eine funktionierende Kommunikation trägt wesentlich zum Erfolg des Projekts bei. Sie ist natürlich abhängig von dem Maß, wie der Servicenehmer in den eigentlichen Produktionsbetrieb eingebunden ist. Generell hat die Kommunikation aber folgenden Ansprüchen gerecht zu werden:

Strukturiertheit

Servicenehmer muß in Informationsfluß eingebunden werden

Es muß ein Prozeß etabliert werden, der den Servicenehmer in den für ihn wissenswerten Informationsfluß einschließt. Er muß auch die Möglichkeit haben, Einspruch einzulegen, zum Beispiel bei Änderungen an Hardware, Infrastruktur oder Logistik.

Dokumentiertheit

Wesentliche Kommunikationswege sind zu dokumentieren

Nicht nur aus Revisionsgründen sondern auch aus Klarheitsgründen sind die wesentlichen Kommunikationswege und Abstimmungen zwischen Servicenehmer und Servicegeber zu dokumentieren. Dies kann im einfachsten Fall durch Telefax geschehen. Besser ist ein entsprechendes Informationssystem, in das die Fachfunktionen beider Seiten aufgenommen werden müssen.

Inhalt	Ziel	Teilnehmer	Zeitpunkt
Vorstellung der Übernahmepläne	Sicherheit, Klarheit und Mitarbeitermotivation	Alle beteiligten Funktionen bei Servicenehmer und Servicegeber	Möglichst früh nach Vertragsabschluß, vor Übernahmeaktivitäten

Abb. 7.28 Aspekte zum Übernahme-Start-Meeting

Nachvollziehbarkeit

Die Dokumentation stellt eine Nachvollziehbarkeit sicher. Bei jeder Änderung am RZ-Umfeld, der Logistik oder Infrastruktur muß nachvollziehbar sein, was und wer diese Aktion ausgelöst hat und welche Auswirkungen sie für den Gesamtkomplex hat, insbesondere auch welche Komponenten des Systems betroffen sind.

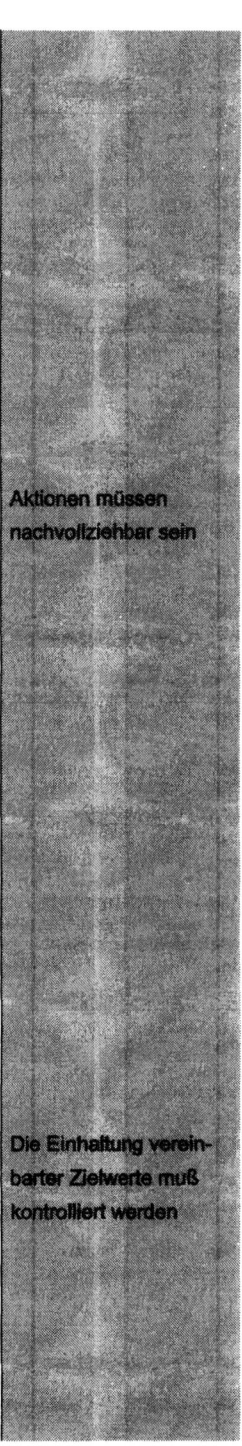

Aktionen müssen nachvollziehbar sein

Ein weiterer wichtiger Punkt bei der Kommunikation zwischen Servicegeber und Servicenehmer sind regelmäßige Abstimmungen. Diese können durch die Etablierung eines entsprechenden Meetingsystems sichergestellt werden. Die Beschreibung erfolgt im Betriebshandbuch. Eine der ersten und auch wichtigsten Besprechungen ist das sogenannte "Übernahme-Start-Meeting", dessen wichtigste Aspekte in Abb. 7.28 zusammengestellt sind.

7.6.7 Kontrollplanung

Ein Prozeß ohne die Definition von Meßdaten und Zielwerten, an denen die Qualität kontrolliert werden kann, ist wenig effektiv. Dies betrifft sowohl die Übernahmephase vor dem Produktionsstart wie auch den Betrieb.

Die Einhaltung vereinbarter Zielwerte muß kontrolliert werden

Der Zielwert für den Outsourcing-Prozeß ist im Vertrag festgehalten und stellt ein wesentliches Kriterium für die Vertragserfüllung dar. Ein Kriterium könnte z. B. der termingerechte und problemlose Produktionsbeginn sein.

Meist aber ist dieser Zielwert detaillierter definiert und bringt verschiedene Abhängigkeiten mit sich.

Aus Abrechnungsgründen, also letztendlich wegen einer Rechnungsschreibung durch den Servicegeber, ist eine qualifizierte Leistungsmessung, d.h. eine Erfassung bewertbarer und verrechnungsfähiger RZ-Leistungsdaten, unumgänglich. Im Vertrag sind dazu verschiedene Meßparameter definiert, u.a.:

- Verfügbarkeit
- Anzahl der Unterbrechungen
- Antwortzeit
- Plattenkapazität

Bericht über Leistungsdaten mit den verschiedene Meßparametern geht regelmäßig zum Servicenehmer

Ein Bericht dieser Leistungsdaten muß regelmäßig an den Servicegeber weitergeleitet werden. Er dient als Grundlage für die Vertragserfüllung, aber auch für den Servicegeber als Maßzahl seiner eigenen Qualitätsansprüche. Ein einfacher Bericht über die wichtigsten System-Leistungsdaten ist in Abb. 7.29 dargestellt.

Für den Fall, daß die Software auf einem Rechner installiert ist, auf dem auch noch andere Servicenehmer arbeiten, ist auf eine klare Trennung der Leistungsdatenberechnung zu achten.

Anhaltpunkt für Qualitätsbewußtsein ist das DIN ISO9001-Zertifikat

Ein Anhaltspunkt für das Qualitätsbewußtsein in einem Unternehmen ist die Zertifikation im Rahmen der DIN ISO9001. Hier werden von einer unabhängigen und externen Kommission regelmäßig Qualitätsrevisionen durchgeführt, die, bei erfolgreichem Absolvieren mit der Vergabe eines entsprechenden Zertifikats abschließen.

Anwendung	Verfügbarkeit		Anzahl	Antwortzeit		
	Plan	Ist	Ausfälle	Plan	<1sec	Ist
STAMMDAON	99%	93,4%	4	3	95%	98%
STAMMDABA	98%	99,2%	4	1	95%	92%
BEWEG1	98%:	98,1%	5	0	93%	94%
BEWEG2	98%	97,9%	2	2	90%	95%

Abb. 7.29 Bericht Systemleistungsdaten

Unabhängig davon kann es auch sinnvoll sein, daß der Servicenehmer regelmäßig ähnliche Überprüfungen durchführt, um das Qualitätsbewußtsein beim Servicegeber zu kontrollieren.

7.6.8 Testplanung

Voraussetzung für jede Übernahme von Anwendungen oder Verfahren in ein Produktionsumfeld ist ein erfolgreicher Test über alle neuen Komponenten und deren Schnittstellen. Hier sind als besondere Aspekte zu beachten:

Testplan
Der gesamte Test ist gewissenhaft, detailliert und vor allem mit realistischen Eckterminen zu planen. Puffer wegen nicht vorhersehbarer Probleme sind einzubauen.

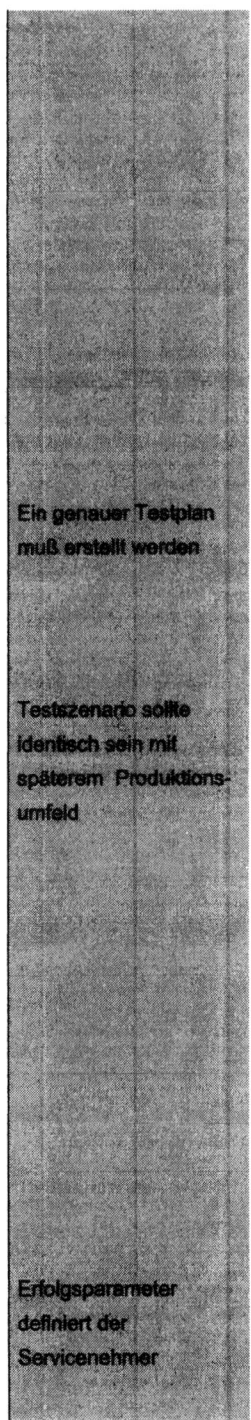

Ein genauer Testplan muß erstellt werden

Testszenario
Ein Testszenario, welches optimalerweise identisch ist mit dem späteren Produktionsumfeld, ist zu definieren.

Ausgegrenzte Bereiche können gegebenenfalls separat getestet werden. Es empfiehlt sich stets, den Gesamttest auf mehreren Ebenen durchzuführen und Einzelbereiche klar abzugrenzen. Bei den Softwarekomponenten könnten die Tests zum Beispiel unterteilt sein in einen Test von:

- Netzwerk
- Betriebssoftware
- Anwendungssoftware
- Anwendungsdaten
- Zusammenspiel aller Komponenten

Testszenario sollte identisch sein mit späterem Produktionsumfeld

Erfolgsparameter
Anhand zu definierender Parameter ist der Erfolg des Tests später erkennbar. Die Erfolgsparameter sind vom Servicenehmer zu definieren, weil nur er weiß, in welchem Fall er mit einem Test zufrieden ist. Ebenso kann nur er einen erfolgreichen Test abneh-

Erfolgsparameter definiert der Servicenehmer

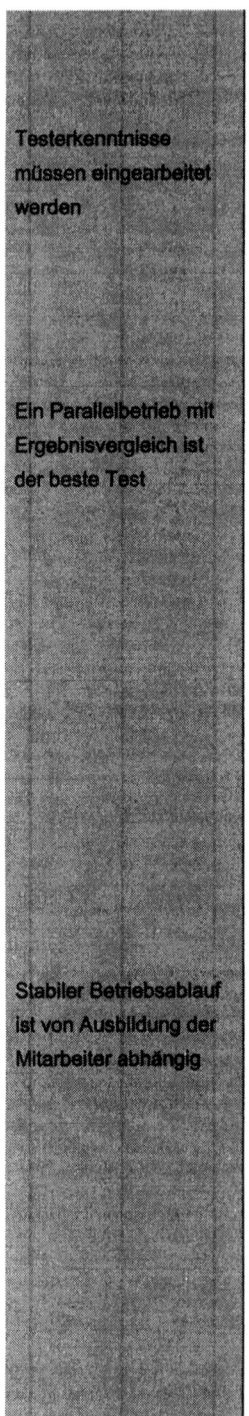

Testerkenntnisse müssen eingearbeitet werden

Ein Parallelbetrieb mit Ergebnisvergleich ist der beste Test

Stabiler Betriebsablauf ist von Ausbildung der Mitarbeiter abhängig

men. Die Abnahme hat auf jeden Fall schriftlich zu erfolgen.

Betriebsumfeldänderungen

Erkenntnisse, die durch den Test gewonnen werden konnten, sind einzuarbeiten. Gegebenenfalls müssen daraufhin Komponenten nochmals getestet werden. Wichtig ist, daß diese Änderungen in das spätere Produktionsumfeld nachgezogen werden.

Parallelbetrieb

Eine Möglichkeit, die neue Betriebsumgebung noch effizienter zu testen, ist die Durchführung eines Parallelbetriebes sowohl von Test- wie Produktionssystemen. Hier können das Verhalten des Testsystems und die Ergebnisse der unterschiedlichen Anwendungen unmittelbar mit denen des Originalsystems verglichen werden.

Je länger die Parallelphase geplant ist, desto sicherer kann der Servicenehmer sein, daß nach der Übernahme der Betriebsverantwortung alles reibungslos weiterläuft. Voraussetzung für einen Parallelbetrieb sind natürlich die Verfügbarkeiten der entsprechenden Kapazitäten, angefangen von Rechnerleistung über Plattenplatz bis hin zu Personal.

7.6.9 Ausbildungsplanung

Ein stabiler Betriebsablauf ist unmittelbar abhängig von der Qualität des vorhandenen Wissensstandes der am Betrieb beteiligten Mitarbeiter. Daher sind im Rahmen der Ausbildung drei Schwerpunkte zu betrachten.

Ausbildungsterminplan

Dem Ausbildungsterminplan hat als erstes eine Ist-Aufnahme des vorhandenen Fachwissens vorauszugehen. Daran anschließend können dann die entsprechenden Schulungen geplant werden.

Wichtig ist hier auch, daß immer an eine entsprechende Vertretung gedacht wird, die beim Ausfall eines Mitarbeiters dessen Aufgaben übernehmen kann.

Dies kann durch Doppelausbildung sichergestellt werden.

Ausbildungsformen
Die Ausbildungsformen unterscheiden sich grundsätzlich. Es gibt folgende Möglichkeiten:

Externe Schulung
Hierunter werden die Schulen verstanden, die bei einem Schulungsunternehmen durchgeführt werden. In der Regel finden sie in separaten Schulungszentren statt.

Ausbildung bei Schulungsunternehmen

"Inhouse-Schulung"
In einigen Fällen werden Trainer eines Schulungsunternehmens zum Servicenehmer geholt. Dies ist abhängig u.a. von den Kosten, der vorhandenen Technik und der "Unabkömmlichkeit" der zu schulenden Mitarbeiter vom "Daily Business". Ein großer Vorteil liegt hier darin, daß auf die individuellen Anforderungen des Servicenehmers eingegangen werden kann. Diese Form der Schulung wird immer häufiger angeboten.

Ausbildung beim Servicenehmer durch Trainer eines Schulungsunternehmens

Schulung durch Medieneinsatz
Beim Einsatz von Lerndisketten oder anderer Medien ist darauf zu achten, daß der entsprechende Mitarbeiter die Lerninhalte nicht am täglichen Arbeitsplatz durcharbeitet; er würde dadurch zu sehr abgelenkt. Der große Vorteil beim Einsatz von Lerndisketten besteht darin, daß die Zeitplanung eigenständig und individuell durchgeführt werden kann und der Mitarbeiter bei Bedarf schnell wieder an seinem Arbeitsplatz eingesetzt werden kann.

Ausbildung durch Lerndisketten oder anderer Medien beim Servicenehmer

Eigenschulung
Die Schulung im eigenen Hause setzt voraus, daß das Know-How dort bereits vorhanden ist. Zum einen kann einem auszubildenden Mitarbeiter ein erfahrener beigestellt werden, der ihn während seiner Aufgabenerfüllung in die Materie einführt (Training on the Job). Zum anderen besteht die Möglichkeit, daß Fachleute interne Schulungen durchführen. Hier ist darauf zu achten, daß es sich hier in der Regel nicht um

Eigenschulung setzt Know-How voraus

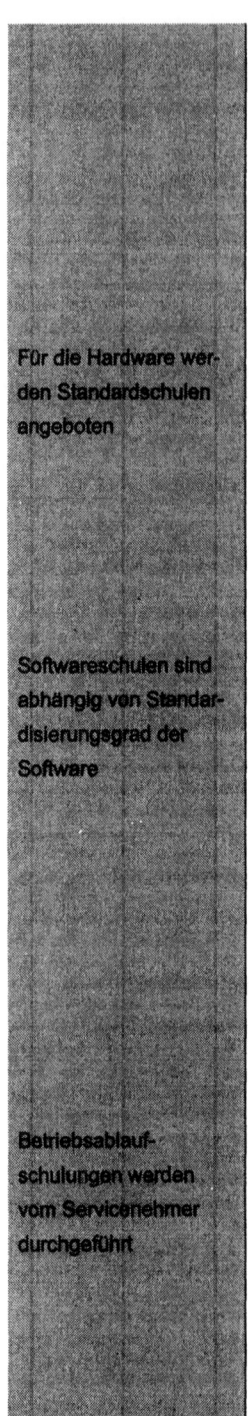

ausgebildete Lehrkräfte handelt, die das Wissen entsprechend pädagogisch aufbereitet weitergeben können.

Ausbildungsthemen
Naturgemäß gestalten sich die Ausbildungsthemen recht individuell. Grundsätzlich sind zu unterscheiden:

Hardwareschulungen
Auf diesem Gebiet werden in der Regel Standardschulungen angeboten. Falls der Servicegeber für ihn unbekannte Hardware betreiben muß, so ist es wesentlich, daß er sich gerade hier intensiv einarbeitet. Ratsam ist auch, wenn für die erste Betriebszeit der unbekannten Hardware, wie zum Beispiel Drucker, ein erfahrener Spezialist beigestellt wird.

Softwareschulungen
Wie häufig bei Softwarethemen muß auch hier wieder in zwei Kategorien unterschieden werden:

Standardsoftware. Die Schulungen für Standardsoftware sind ebenso wie die der standardisierter Hardware bei entsprechenden Anbietern einzukaufen.

Individuelle Software. Bei individuellen und kundenspezifischen Softwarepaketen muß und kann sich nur vor Ort beim Servicenehmer informiert werden. Wichtig ist, daß dieses Spezialwissen nicht nur an einen Mitarbeiter weitergegeben wird, sondern mehrere gleichzeitig ausgebildet werden.

Betriebsablaufschulungen
Ähnlich wie bei der Ausbildung im Rahmen der Individuellen Software hat hier die Ausbildung durch den Servicenehmer stattzufinden. Falls noch keine adäquate Betriebsablaufdokumentation vorhanden ist, empfiehlt es sich, diese gemeinsam durch Servicegeber- und Servicenehmermitarbeiter erstellen zu lassen.

Der Lerneffekt ist am größten, wenn dieselben Mitarbeiter dann auch die Betriebsablaufdokumentation gemeinsam testen.

Für die Hardware werden Standardschulen angeboten

Softwareschulen sind abhängig von Standardisierungsgrad der Software

Betriebsablaufschulungen werden vom Servicenehmer durchgeführt

7.6.10 Datensicherheitsplanung

Dieser Bereich wird häufig vernachlässigt, weil er kein unmittelbar meßbares Ergebnis vorweisen kann und präventiv durchzuführen ist. Im Problemfall aber ist eine effektive und durchorganisierte Datensicherheits- und Datenschutzfunktion sehr wertvoll.

Für den Fall, daß ein unternehmensfremder Servicegeber die Daten eines Unternehmens betreut, sind die üblichen Maßnahmen zum Datenschutz noch mehr zu beachten und Vorkehrungen zu treffen, wie unberechtigten Zugriffen vorgebeugt werden kann. Diese Vorkehrungen können physischer und logischer Natur sein.

Zugangskontrollen
Die Zutritte zu den Rechenzentrums-, Steuerungs- wie Archivierungsräumen sind durch geeignete Maßnahmen zu sichern. Nur berechtigtes Personal darf hier Zugang haben. Für den Fall, daß in Ausnahmefällen, zum Beispiel Techniker oder Reinigungspersonal Zugang haben müssen, ist für eine entsprechende Begleitung zu sorgen. Wesentlich ist in diesem Zusammenhang die tatsächliche Erfassung und Fortschreibung der Zutritte - auch der berechtigten Mitarbeiter. Geeignete Kontrollen werden ermöglicht durch das Vorhandensein von:

- Personenvereinzelungsanlagen
- Kameraüberwachung
- Ausweisleser
- Sprachanalyse
- Unterschriftenanalyse

Terminalzuordnung
Es besteht die Möglichkeit, die Zugriffe so zu definieren, daß nicht von jedem Terminal oder jeder Workstation alle Funktionen durchgeführt werden können. Jeder dieser Einheiten werden dabei bestimmte Onlinefunktionen und Zugriffe zugeordnet. Die Steuerungsmannschaft des Servicegebers kann von deren Arbeitsplatz aus nicht dieselben Funktionen ausführen wie die Mitarbeiter des Servicenehmers.

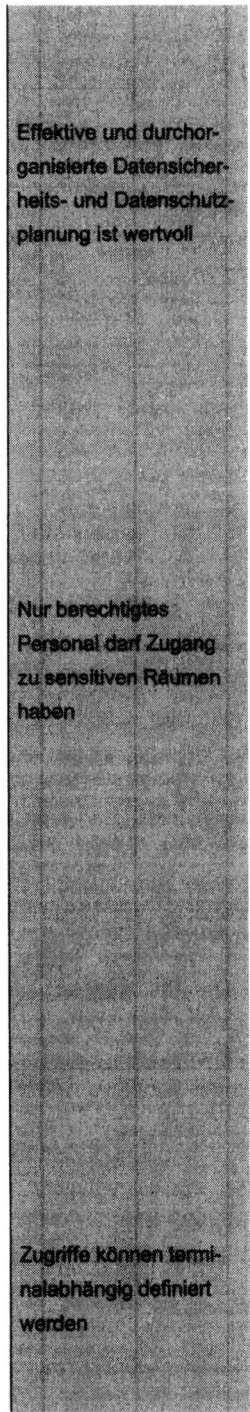

Effektive und durchorganisierte Datensicherheits- und Datenschutzplanung ist wertvoll

Nur berechtigtes Personal darf Zugang zu sensitiven Räumen haben

Zugriffe können terminalabhängig definiert werden

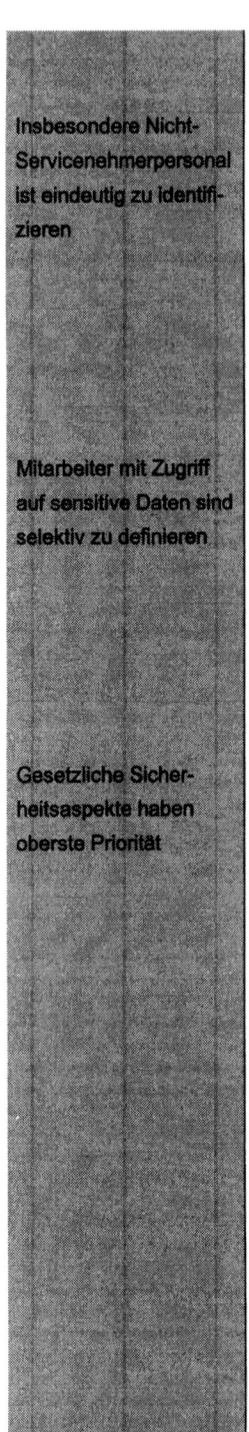

Insbesondere Nicht-
Servicenehmerpersonal
ist eindeutig zu identifizieren

Mitarbeiter mit Zugriff
auf sensitive Daten sind
selektiv zu definieren

Gesetzliche Sicher-
heitsaspekte haben
oberste Priorität

Benutzeridentifikation

Eine Benutzeridentifikation zum logischen Zugriff
auf Daten und Anwendungen gehört heute zu jedem
RZ-Betrieb. Im Falle des Outsourcing sollten hier zusätzliche Maßnahmen getroffen werden, welche insbesondere Nicht-Servicenehmerpersonal eindeutig
anhand der Identifikation kennzeichnet.

Benutzerzulassung

Die unmittelbare Zulassung und damit Lesbarkeit auf
sensible Kundendaten muß restriktiv gehandhabt
werden und darf nur für die vorgesehenen Funktionen möglich sein. Sollten Servicegebermitarbeiter
aus technischen Gründen Zugriffe benötigen, so sind
die Personen selektiv zu definieren und müssen
schriftlich auf Geheimhaltung verpflichtet werden.

Sicherheitsaspekte

Datenschutz- und Datensicherheitsaspekte sind organisatorisch in drei Gruppen unterteilt:

Gesetzliche Sicherheitsaspekte
Die gesetzlichen Sicherheitsbestimmungen sind
durch das Bundesdatenschutzgesetz (BDSG) geregelt. Sie sind mit oberster Priorität zu behandeln. Alle
anderen Sicherheitsaspekte haben sich an diesen Vorgaben zu orientieren.

Servicenehmer-Sicherheitsaspekte
Nachdem die gesetzlich vorgeschriebenen Aspekte
realisiert sind, müssen die Anforderungen des Servicenehmers umgesetzt werden. Es ist zu empfehlen,
daß der Servicenehmer durch regelmäßige Kontrollen
die Einhaltung der Sicherheitsaspekte überprüft.

Servicegeber-Sicherheitsaspekte
Erst zuletzt greifen die Sicherheitsvorstellungen des
Servicegebers. Dabei liegen die Vorstellungen des
Servicenehmers häufig über seinen eigenen Quali-
tätsansprüchen. Im umgekehrten Fall hat der Servicegeber seine eigenen Vorgaben zu verschärfen, um
dem Niveau des Servicenehmers gerecht zu werden.
Unter Umständen muß sich der Servicenehmer aber
auch an den Vorgaben seines Servicelieferanten

orientieren, dann nämlich, wenn die Prozesse entsprechend etabliert und im Gesamtumfeld nicht änderbar sind.

Kritisch wird es, wenn sich die Vorstellungen des Servicegebers und die des Servicenehmers gegenseitig ausschließen. Hier muß vorab ein gangbarer und verantwortbarer Mittelweg gefunden werden.

7.6.11 Katastrophenvorsorgeplanung

Bereits bei den servicespezifischen Aspekten der Vertragserstellung wurde auf die zu berücksichtigenden Punkte des Katastrophenfalls eingegangen.

Jeder hofft, daß eine Katastrophe im eigenen Rechenzentrum nie eintritt. Dies schützt natürlich nicht davor, dennoch eine detaillierte Katastrophenvorsorgeplanung für den "Tag X" durchzuführen. Unter einer Katastrophe wird nicht der Ausfall didizierter Funktionen, sondern des ganzen Rechenzentrumsbetriebes verstanden. Als Katastrophen sind denkbar:

Katastrophenvorsorgeplanung ist für den Ernstfall wichtig

- Feuerausbruch
- Wassereinbruch
- Erdbeben
- Flugzeugabsturz
- Streik
- Ausnahmesituation wie Krieg, Aufstand

Der Weiterbetrieb des Rechenzentrums ist vor Ort nach einem solchen Zwischenfall nicht mehr möglich. Für die Katastrophenvorsorgeplanung sind vorauszusetzen:

Katastrophenhandbuch
Die Vorgehensweise im Falle einer Katastrophe ist zu dokumentieren. Es ist darauf zu achten, daß neben der technischen Ablaufbeschreibung auch organisatorische Informationen erfaßt werden, wie

Die Vorgehensweise ist im Katastrophenhandbuch dokumentiert

- Aufbauorganisation
- Kommunikationsmatrix
- Schnittstellen
- Krisenstäbe

Eine regelmäßige Wartung und Abstimmung mit Nachbarfunktionen stellt die Aktualität sicher.

Ausweichrechenzentrum

Ein Ausweichrechen-
zentrum muß definiert
werden

Außerhalb der definierten Gefahrenzone ist ein Ausweichrechenzentrum zu definieren, in dem die benötigten Kapazitäten kurzfristig verfügbar gemacht werden können. Als Möglichkeiten der Vorhaltung in einem externen Rechenzentrum sind denkbar:

- Kapazität wird ausschließlich für Servicenehmer vorgehalten
- Kapazität wird im Nicht-Katastrophenfall von anderen Servicenehmern genutzt
- Kapazität wird im Katastrophenfall requestiert und auf Leerfläche neu installiert
- Kapazität wird über transportables Katastrophenrechenzentrum zur Verfügung gestellt

Katastrophentest

Die Vorgehensweise
bei einer Katastrophe
muß regelmäßig geübt
werden

Grundlegend für einen Erfolg im Ernstfall einer Katastrophe sind regelmäßig stattfindende Katastrophentests. Hier wird überprüft, ob die getroffenen Maßnahmen auch greifen. Als ein wesentliches Kriterium ist die Wiederherstellung der Betriebsfähigkeit und die dafür benötigte Wiederanlaufzeit zu sehen, die Zeit nämlich nach der dem Servicenehmer die sensitiven Rechenzentrumsfunktionen wieder zur Verfügung stehen.

Viele Unternehmen können nicht mehrere Tage ohne Datenverarbeitung auskommen. Ihre Existenz hängt also an einer funktionierenden Katastrophenvorsorge. Für den eigentlichen Katastrophentest ist weiterhin zu berücksichtigen:

- Definition Katastrophenparameter
- Definition kritische Anwendungen
- Definition Erfolgskriterien
- Erstellung Aktionsplan
- Bereitstellung unabhängiger Testbeobachter
- Dokumentation Testergebnis
- Fehlerbehebung
- Testabnahme

Krisenstab
Sofort nach Eintritt des Katatrophenfalls tritt ein vorher definierter Krisenstab zusammen. Hier ist es
wichtig, daß Räumlichkeiten bereitgestellt werden,
die auch mit den entsprechenden Ausstattungen zur
Kommunikation versehen sind. Dem Krisenstab sollten angehören:

- Vertragsmanager Servicenehmer
- Vertragsmanager Servicegeber
- Leiter Datenverarbeitung

Aus diesem Krisenstab werden je nach Bedarf Fach-
gruppen definiert, in denen die Fachleute beider Seiten vertreten sind.

Auslagerung
Neben der Auslagerung der Daten in ein Katastro-
phenarchiv darf nicht vergessen werden, auch alle
wichtigen Dokumentationen, insbesondere das Katastrophenhandbuch regelmäßig auszulagern. Die Aus-
lagerungsvorgänge sind entsprechend zu dokumentieren.

7.6.12 Personalplanung

Bereits vor Vertragsabschluß wurde die Personalplanung vorgenommen, da sie wesentlichen Einfluß
nimmt auf die Preisgestaltung und Umsetzbarkeit des
Outsourcing-Projekts. Bezüglich der Übernahme wie
des Betriebes sind die zu involvierenden Personalfunktionen zu definieren (Abb. 7.30). Hinsichtlich der
Personalbedarfsplanung sind zwei Aspekte zu
berücksichtigen:

Quantitativer Personalbedarf
Die Anzahl der für die einzelnen Funktionen einzu-
planenden Mitarbeiter wird mit den Zeitmaßen Perso-
nentage (PT), Personenmonate (PM) oder Personen-
jahre (PJ) angegeben. Nicht jeder Mitarbeiter muß
permanent für einen Servicenehmer tätig sein. Der
Servicegeber wird aus wirtschaftlichen Gründen stets
bemüht sein, gewisse Zeitscheiben für die einzelnen

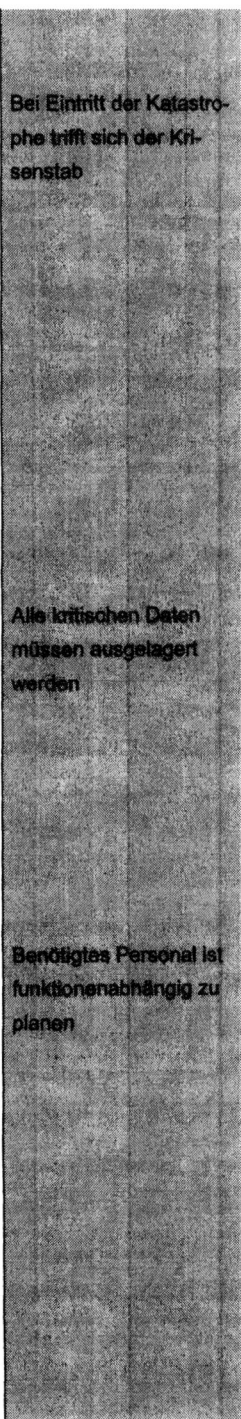

Bei Eintritt der Katastrophe trifft sich der Kri-
senstab

Alle kritischen Daten
müssen ausgelagert
werden

Benötigtes Personal ist
funktionenabhängig zu
planen

• Systemsteuerung	• Änderungskoordination
• Netzsteuerung	• Anwendungsentwicklung
• Eingabe-/Ausgabe-	• Benutzerunterstützung
steuerung	• Kapazitätsplanung
• Arbeitsvor-/-nachbereitung	• Programmübergabe
• Ablaufplanung	• Administration
• Systemprogrammierung	• Organisation
• Speicherverwaltung	• Schichtleitung
• Problemkoordination	• Management

Abb. 7.30 Personalfunktionen

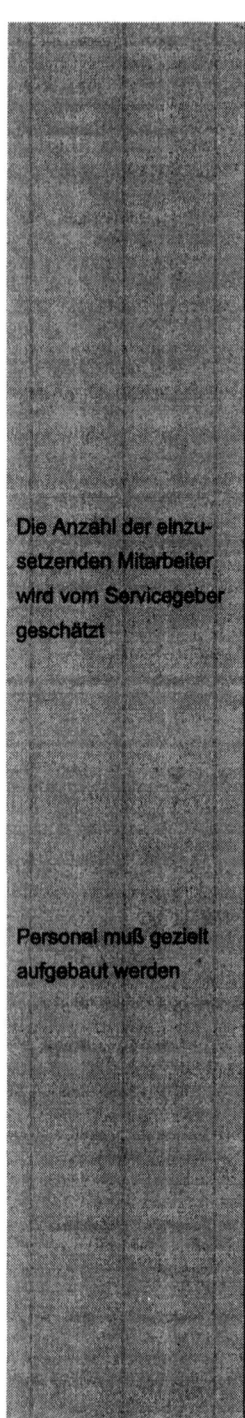

Die Anzahl der einzu-setzenden Mitarbeiter wird vom Servicegeber geschätzt

Servicenehmer bereitzuhalten. Auch ist nicht jede oben genannte Funktion für jeden Outsourcing-Fall erforderlich. Die Größenordnung der einzusetzenden Mitarbeiter beruht auf Schätzungen die auf Erfahrungen des Servicegebers beruhen. Im Laufe der Jahre wird der Servicelieferant versuchen die Mitarbeitereinsatzzahl zu reduzieren, um den Fall wirtschaftlicher zu machen. Automatisierung ist hier stets ein sehr wichtiger Faktor.

Qualitativer Personalbedarf

Personal muß gezielt aufgebaut werden

Ist das entsprechende Know-How nicht beim Servicegeber vorhanden, so muß es entweder aufgebaut oder eingekauft werden. Insbesondere beim Einsatz von Fremdprodukten sind hier Aktivitäten des Servicegebers erforderlich. Vom Servicenehmer übernommene Mitarbeiter bringen auf der anderen Seite häufig das entsprechende Know-How mit in die Organisation des Servicegebers, der diesen dann wiederum für andere Outsourcing-Fälle nutzen kann.

7.6.13 Infrastrukturplanung

Zusätzlich zur oben beschriebenen Hardwareplanung muß weiteres Inventar betrachtet werden:

Immobilien
Hierunter ist zu verstehen
- Gebäude, Grundstücke
- Büroflächen, RZ-Fläche, Kantine etc.

Büroausstattung
Dazu gehören:

- Möbel: Schreibtische, Schränke, Arbeitsstühle
- Büromaschinen: Diktiergeräte, Kopiergeräte
- Kommunikationsmittel: Telefone, Telefaxe

Arbeitsmittel
Zu den Arbeitsmitteln gehören geringwertige Gebrauchs- und Verbrauchsmittel, wie Schreibutensilien. Ebenso muß der zusätzliche Platzbedarf an Bürofläche mit der gesamten dazugehörigen Infrastruktur berücksichtigt werden.

Unterschiedlichstes Inventar ist zu planen

7.7 Übernahme

In dieser Phase werden alle Komponenten auf die bevorstehende Übernahme vorbereitet. Die Aktivitäten der Übernahme sind:

- Aufbau Betriebsumgebung
- Erstellung Betriebshandbuch
- Gesamttest
- Produktionsbeginn

7.7.1 Aufbau Betriebsumgebung

Je nach Outsourcing-Struktur wird hier die Betriebsumgebung transferiert, neu aufgebaut oder erweitert. In den vorhergehenden Kapiteln, insbesondere der Planungsphase, wurde bereits auf die einzelnen Komponenten eingegangen. Die Aktivitäten werden in den nachfolgenden Abschnitten näher beschrieben.

7.7.2 Erstellung Betriebshandbuch

Das Betriebshandbuch ist als sehr wichtige Dokumentation für den Servicegeber wie auch den Servicenehmer zu verstehen. In ihm sind alle produktions- wie servicerelevanten Informationen zusammengefaßt.

Betriebshandbuch beschreibt den Produktionsablauf

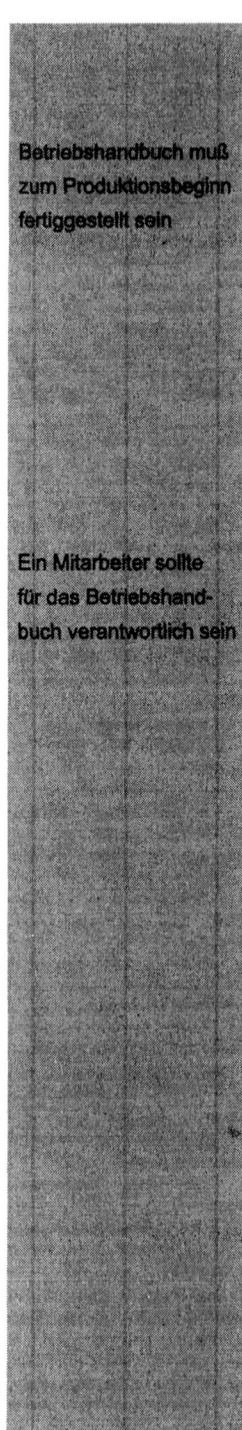

Betriebshandbuch muß zum Produktionsbeginn fertiggestellt sein

Ein Mitarbeiter sollte für das Betriebshandbuch verantwortlich sein

Die Erstellung des Betriebshandbuches sollte so früh als möglich beginnen. Sie zieht sich nahezu durch alle technischen Phasen des Projektes.

Es muß allerdings spätestens vor dem Produktionsbeginn fertiggestellt sein. Im Idealfall ist das Betriebshandbuch so aufbereitet, daß auch "Produktionsfremde" die Anwendungen betreuen und steuern können, wenn ihnen das Betriebshandbuch als Grundlage dient.

Durch seine Komplexität kann das Betriebshandbuch oft zu einer einzigen gigantischen Dokumentation anwachsen, die schlecht handhabbar und unübersichtlich ist. Es erscheint daher ratsam, innerhalb des Betriebshandbuches wiederum auf andere Dokumentationen zu verweisen, die separat geführt werden.

Das Betriebshandbuch muß von einem definierten Mitarbeiter verantwortlich geführt werden. Die Fachfunktionen arbeiten ihm zu und geben ihm regelmäßig Input bei Änderungen in ihrem Verantwortungsbereich.

Regelmäßige Überprüfungen der Gesamtdokumentation von einer unabhängigen Kommission erscheinen ebenso sinnvoll wie die rechtzeitige und turnusmäßige inhaltliche Abstimmung zwischen Servicegeber und Servicenehmer.

Das Betriebshandbuch sollte die in Abb. 7.31 definierten Kapitel enthalten.

Betriebumgebung
Betriebsablauf
Betriebsparameter
Betriebsmanagement
Betriebsberichte
Kommunikationsmatrix
Katastrophenfall

7.31 Aufbau Betriebshandbuch

Betriebsumgebung

Hier erfolgt eine exakte Beschreibung der Datenverarbeitungsumgebung innerhalb der sich der Servicenehmer mit seinen Anwendungen bewegt. Dies betrifft insbesondere:

Betriebsumgebung ist exakt zu beschreiben

Administration/Logistik
Bei einem Outsourcing-Projekt ist eine effektive Administration ein wesentlicher Faktor. Sie beginnt mit dem Einrichten von Benutzerzulassungen und endet mit der Abrechnung von Zusatzleistungen des Servicenehmers.

Hardware
Eine Dokumentation des Systemlayouts und der Konfiguration ist zu erstellen. Ebenso sind hier Kontrolleinheiten, Kanallayout, Speicherplatten, Bandeinheiten, Drucker und Plotter zu beschreiben.

Software
Bei der Software ist zu unterscheiden zwischen Basis-, Betriebs- und Anwendungssoftware, die allgemein gekauft und eingesetzt wird und kundeneigener, -spezifischer Software.

Netzwerk
Beschreibung wie die Betriebsumgebung in das ggf. bereits bestehende Netzwerk integriert wird. Häufig werden zahlreiche Teilnehmer und Mitbenutzer aufgenommen. Hier ist es sehr wichtig, den Verantwortungsbereich Servicenehmer/Servicegeber klar abzugrenzen. Beispiel: Das hauseigene LAN fällt in die Verantwortung des Servicenehmers während der Servicegeber für alle Netzkomponenten im WAN bis zu diesem LAN verantwortlich ist. Schnittstellen sind genau zu definieren.

Beim Netz ist Abgrenzung des Verantwortungsbereiches besonders wichtig

Betriebsablauf

In der Betriebsablaufbeschreibung ist der gesamte Prozeß von der Dateneingabe bis zur Datenausgabe auf den unterschiedlichsten Medien zu beschreiben. Hier ist insbesondere auf Übersichtlichkeit zu achten. Komplexe Sachverhalte sollten unbedingt graphisch als Diagramm (Struktogramm, Ablaufdiagramm,

Betriebsablauf betrifft den gesamten Prozeß

Nassi-Shneidermann-Diagramm etc.) dokumentiert werden. Für die Dokumentation empfiehlt sich grundsätzlich nachfolgend aufgezeigte Grobeinteilung zur Anleitung und Kontrolle der unmittelbaren Rechenzentrums- funktionen:

Systemsteuerung
Es ist erforderlich die Funktionen zum Starten und Stoppen der einzelnen Rechner sowie auch deren Subkomponenten zu beschreiben. Es ist zu empfehlen, daß der Detaillierungsgrad für kritische Komponenten bis zur Befehlsebene reicht. Etablierte Automationsmechanismen müssen unbedingt erwähnt werden, wobei zu dokumentieren ist, an welcher Stelle mehr über die Art und den Aufbau der Automation zu erfahren ist.

Bei sehr kritischen Anwendungen hat sich außerdem der Einsatz von Kontrollisten bewährt, auf denen der Systemsteuerer zu einem bestimmten Zeitpunkt (Uhrzeit) eine definierte Aktion durchzuführen und abzuzeichnen hat, die nicht oder nur mit hohem Aufwand automatisiert werden kann.

Grundlegend ist, daß die ausgefüllten Kontrollisten regelmäßig daraufhin gecheckt werden, ob sie auch gewissenhaft abgearbeitet wurden. Die Kontrollisten sollten mitarbeiterspezifisch sein. Wechselt also eine Schicht, so beginnt der neue Systemsteuerer mit einer neuen Kontrolliste.

Batchsteuerung
Inhaltlicher Schwerpunkt der Batchsteuerungsbeschreibung ist ein Ablaufplan der Stapelverarbeitungsaktionen.

Auch hier ist es wesentlich, daß die zunächst im groben dargestellten Aktionen weiter heruntergebrochen und detaillierter aufgeführt werden.

Je nach Struktur der Batchsteuerung sind Tages-, Wochen-, Monats- und/oder Jahrespläne zu erstellen. Sonderaktionen, die nicht in einem längerfristigen Plan erfaßt werden, sind separat zu dokumentieren. Systemwartungszeiten müssen ebenso in den Plan aufgenommen werden.

Der Inhalt der Batchablaufpläne beschränkt sich im wesentlichen auf die Informationen:

- Aktion
- Startzeit
- Endzeit
- Vorläufer
- Nachgänger
- Dauer

Um die Übersicht nicht noch komplexer zu gestalten, ist es empfehlenswert, daß Abhängigkeiten der einzelnen Aktionen untereinander mittels der Netzplantechnik dargestellt werden können. Eine Beschreibung des Batchsteuerungstools sollte als Basis vorhanden sein, aber auch hier empfiehlt es sich mit einer Anmerkung auf entsprechende Fachliteratur zu verweisen. Ebenso wie bei der Systemsteuerung sollte die gewissenhafte Durchführung der Batchsteuerung mittels Kontrollisten erfaßt und kontrolliert werden.

Durchführung der Batchsteuerung sollte durch Kontrollisten verfolgt werden

Eingabe-/Ausgabesteuerung
Die Eingabe-/Ausgabesteuerung bezieht sich auf den Umgang mit den unterschiedlichen Speichermedien bzgl. der Datenein- und -ausgabe. Diese sind im wesentlichen:

- Bänder
- Kassetten
- Disketten
- CD-ROMs

Ein wesentlicher Teil dieser Beschreibung kann der Datenträgeraustausch sein. Hier werden Datenträger physisch vom Servicenehmer zum Servicegeber oder dessen Geschäftspartnern geschickt. Dies kann zum Beispiel über Post- oder Kurierdienste durchgeführt werden. Aufgrund der Sensibilität sind hier genaue und detaillierte Ablaufpläne wie Prozeßbeschreibungen unumgänglich. Auch sollten Ansprechpartner und Telefonnummern im Falle der Benachrichtigung bei Verzögerungen dokumentiert sein. Aspekte zur Datensicherung der zu transportierenden Datenträger sind ebenso zu dokumentieren.

Datenträgeraustausch kann sensitiv sein

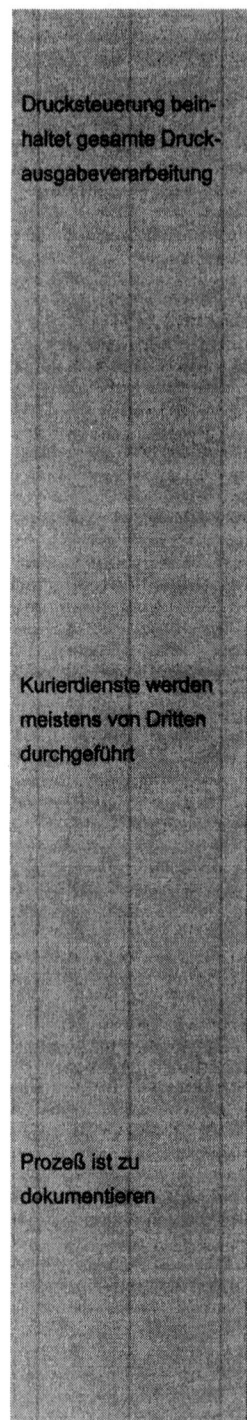

Drucksteuerung
Die Druckersteuerung beinhaltet die gesamte Druckausgabeverarbeitung. Angefangen von der Beschreibung der zu druckenden Listen über Hinweise zur Disposition von Formularen und Papier sowie den Druckzeitpunkt bis hin zur Steuerung der individuellen Drucker ist hier alles zu erfassen.

Kurierdienst
Häufig müssen im Rahmen eines Produktionsbetriebes Listen, Kassetten, Bänder etc. vom Servicegeber zum Servicenehmer transportiert werden. Je nach Sensitivität der Daten auf diesen Datenträgern ist der Transport entsprechend zu organisieren und zu sichern. Physische Sicherungsmaßnahmen können sein:

- Abschließbare Behälter
- Zusätzliche Begleitperson
- Speziell ausgebildetes Transportschutzpersonal

In den häufigsten Fällen werden diese Transporte von Dritten durchgeführt, welche sich entsprechend spezialisiert haben.

Sollten sich wichtige Lieferungen verzögern und damit Geschäftsprozesse in Verzug geraten, so fällt dies letztendlich auf den Servicegeber zurück. Dies kann im Extremfall zu erheblichen Serviceverlusten führen. Der Servicegeber ist daher gut beraten, bei der Auswahl des Kurierunternehmens sorgsam vorzugehen sowie im Vertrag entsprechende Klauseln einzubauen, wodurch bei Verzögerungen Vertragsstrafen gezahlt werden müssen. Dies führt mit Sicherheit zu einer hohen Aufmerksamkeit beim Kurierunternehmen.

Der Prozeß von der Erstellung des Transportmaterials bis zur Auslieferung und Weiterverarbeitung ist minuziös zu beschreiben. Die logistische Komponente darf hier keinesfalls unterschätzt werden. Folgende Punkte müssen als Minimum berücksichtigt werden:

- Laufliste mit Unterschrift Mitarbeiter
- Begleitzettel mit Auflistung Inhalt

- Schlüsselverwaltung Absender/Empfänger für
  Transportbehälter
- Telefax an Absender bei Erhalt
- Notrufliste Kurierdienst

Eine spezielle Variante des Transports ist der Postver-
sand. Hiermit können allerdings nur kleinere Mengen
verschickt werden. Außerdem ist die Zeitdauer bis zur
Ankunft recht lang und nicht genau kalkulierbar.

Datensicherung
Der Prozeß der Datensicherung beschreibt die Sicherung definierter Datenbestände sowohl unter logischen wie physischen Gesichtspunkten. Abbildung
7.32 zeigt, unter welchen Kriterien dokumentiert
wird. Zusätzlich zu einer physischen Sicherung kann
eine Auslagerung in eine Sicherheitszone erfolgen.
Entsprechend des eingeschätzten Sicherheitsrisikos
kann diese Sicherheitszone innerhalb des Rechenzentrums oder auch viele Kilometer entfernt sein. Ebenso
kann sie speziell geschützt sein, oder es kann sich um
eine ungeschützte Lokation handeln.

Datenwiederherstellung
Dieser Prozeß beschreibt die Wiederherstellung der
mittels Datensicherung gesicherten Daten in einem
Fehlerfall. Wesentlich ist die richtige Reihenfolge der
Wiederherstellung. Oft gibt es hier Abhängigkeiten,
die berücksichtigt werden müssen.

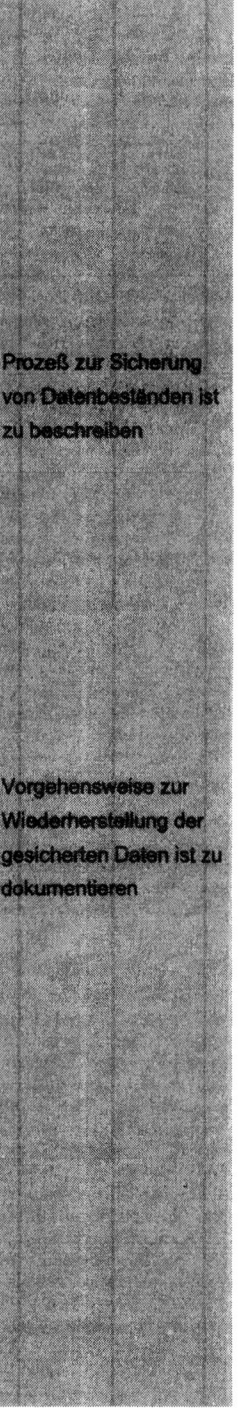

Prozeß zur Sicherung
von Datenbeständen ist
zu beschreiben

Vorgehensweise zur
Wiederherstellung der
gesicherten Daten ist zu
dokumentieren

Bezeichnung:	Name des Datenbestandes
Speichermedium:	Name und Typ des Speicher-mediums auf dem sich Daten befinden (z.B. Magnetplatte)
Sicherungsmedium:	Name und Typ des Speicher-mediums auf dem Daten gesichert werden (z.B. Kassette)
Sicherungsverfahren:	Software mit der Daten gesichert werden
Sicherungsintervall:	Intervall in dem Daten gesichert werden (tägl., wöchentl., monatl.)

Abb 7.32 Dokumentation von Datenbeständen

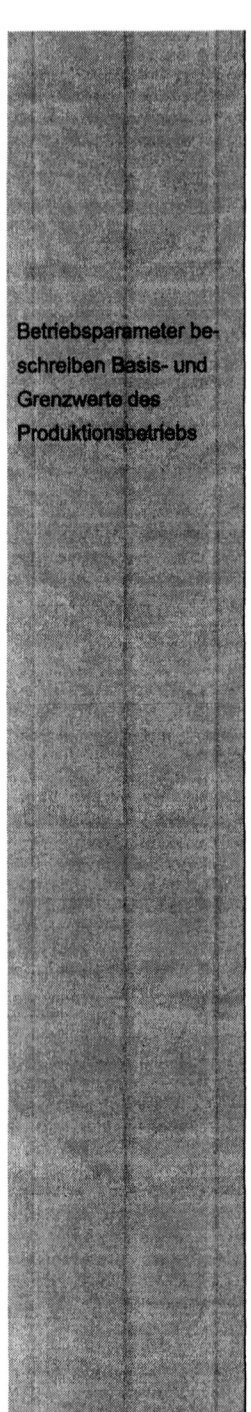

Nicht alle Daten eines Environments müssen im Wiederherstellungsfall zurückgeladen werden. Einige werden auch neu erstellt, wie zum Beispiel Spool- oder Pageplattenbereiche. Dies ist entsprechend zu dokumentieren, ebenso wie die Benutzerzulassungen und deren Zugriffsberechtigungen.

Betriebsparameter

Die Betriebsparameter beschreiben die Basis- und Grenzwerte des Produktionsbetriebes, wie sie mit dem Servicenehmer vertraglich vereinbart wurden. Sie dienen dazu, der Rechenzentrumsmannschaft die logischen Eckpfeiler ihrer Arbeit in der Produktionsumgebung vorzugeben. Es erscheint sinnvoll, hier keine langen Berichte und Ausführungen zu erstellen, sondern die Informationen übersichtlich und mehr plakativ darzustellen. Aufzuführen sind hier die vertraglich vereinbarten Parameter wie in Abb. 7.33 beschrieben.

Betriebsparameter beschreiben Basis- und Grenzwerte des Produktionsbetriebs

- Servicezeiten/Betriebszeiten
  - Online/Batch
  - Mit/Ohne Benutzerunterstützung
- Serviceziele
  - Systemverfügbarkeiten
  - Anzahl Unterbrechungen
  - Antwortzeiten
  - Systemauslastung
  - Reaktionszeiten
- Eingabe-/Ausgabevereinbarungen
  - Zeitraum Auslieferung
  - Zeitraum Verarbeitung
  - Zeitliche Grenzwerte
- Wartungsvereinbarungen
  - Wartungsfenster
- Erreichbarkeit
  - Fachfunktionen 1. Ebene/2. Ebene
  - Benutzerunterstützung
  - Rufbereitschaft
  - Management

Abb. 7.33 Betriebsparameter

Betriebsmanagement

Das Betriebsmanagement umfaßt das Zusammenspiel aller am Produktionsprozeß beteiligten Funktionen und Verfahren.

Für jeden der Prozesse muß beim Servicegeber eine umfangreiche und detaillierte Dokumentation vorliegen. Im Betriebshandbuch sollten diese Prozesse lediglich dann näher beschrieben werden, wenn sie eine sensitive Funktion, außerordentliche Abweichung oder Schnittstelle zum Servicenehmer aufweisen. Generell sollte es Ziel sein, Abweichungen, die durch bestimmte Servicenehmerkonstellationen oder -vorgaben bedingt sind, so bald als möglich an den normalen Rechenzentrumsbetrieb anzupassen bzw. zu integrieren und zu standardisieren. Dadurch wird die Betriebssicherheit wesentlich erhöht. Die klassischen Betriebsprozesse eines Rechenzentrumsbetriebs betreffen:

Servicegeber muß jeden Prozeßablauf dokumentieren

Standardisierung erhöht Betriebssicherheit

- Betriebsmanagement
- Problemmanagement
- Änderungsmanagement
- Speicherverwaltungsmanagement
- Wiederherstellungsmanagement
- Kapazitätsmanagement
- Performancemanagement
- Businessmanagement
- Sicherheitsmanagement
- Übergabemanagement

Sie werden in Abb. 7.34 unter den Gesichtspunkten

- Prozeßdefinition
- Prozeßaufgaben/-ziele
- Spezielle Vereinbarungen

dargestellt. Letzteres bezieht sich auf mögliche individuelle Abmachungen zwischen Servicegeber und Servicenehmer.

Häufig werden die genannten Prozesse weiter unterteilt, wie zum Beispiel der Betriebsmanagementprozeß in Steuerungs- und Eingabe-/Ausgabemanagementprozeß. Diese sollen hier aber nicht berücksichtigt werden.

Betriebsmanagementprozeß

Prozeßdefinition
- Steuerung und Kontrolle der Systemkomponenten

Prozeßaufgaben/-ziele
- Optimale Umsetzung von Produktionsplänen in konkrete Abläufe von Anwendungen unter Berücksichtigung definierter Abhängigkeiten
- Optimale Steuerung der Online- und Batchanwendungen

Spezielle Vereinbarungen
- Frühzeitige Eskalation bei bestimmten Systemkonstellationen
- Einsatz bestimmter Monitoringsysteme
- Mitarbeitereinsatz außerhalb des Rechenzentrumsbetriebes

Problemmanagementprozeß

Prozeßdefinition
- Erfassung aller Problemstellungen im Rahmen des Produktionsbetriebes und Verfolgung bis zur Lösung

Prozeßaufgaben/-ziele
- Beseitigung der Problemsituation
- Wiederherstellung des Produktionsbetriebes
- Koordinierung der Problemlösung
- Involvierung dedizierter Funktionen
- Zentrale Dokumentation

Spezielle Vereinbarungen
- Umgehung des etablierten Problemdokumentationswerkzeuges und Ausweichen auf andere Kommunikationsmöglichkeiten (z.B. Fax)
- Liste der Ansprechpartner bei bestimmten Problemstellungen

Änderungsmanagementprozeß

Prozeßdefinition
- Koordination aller Änderungen am bestehenden System, unabhängig davon ob es sich um Neuinstallationen, Modifikationen oder Reduzierungen handelt

Prozeßaufgaben/-ziele
- Koordinierung von Änderungen
- Sicherstellung, daß Änderungen ohne Serviceeinbußen durchgeführt werden
- Involvierung dedizierter Funktionen
- Optimierung Abhängigkeiten
- Zentrale Dokumentation

Abb. 7.34 Betriebsprozesse - Teil 1

Spezielle Vereinbarungen
- Umgehung des etablierten Änderungsdokumentationstwerkzeugs und Ausweiche
  auf andere Kommunikationsmöglichkeiten (z.B. Telefax)
- Liste der Ansprechpartner bei bestimmten Änderungssituationen
- Namen der Änderungskoordinatoren bei Servicegeber und Servicenehmer
  sowie deren Erreichbarkeit
- Abweichungen von etablierten Anmeldezeiten für Änderungen
- Tefefonische Information bei fehlgeschlagenen Änderungen und deren Auswir-
  kungen

Speicherverwaltungsmanagementprozeß

Prozeßdefinition
- Planung, Verwaltung, Einsatzoptimierung aller Speichermedien (Platten, Kassetten) innerhalb des Rechenzentrums

Prozeßaufgaben/-ziele
- Optimaler Einsatz der Speichermedien
- Überwachung der Speicherbelegung
- Frühzeitiges Erkennen und Bereinigen von Engpaßsituationen
- Kosten-/Nutzenuntersuchungen
- Einsatz adäquater Speicherverwaltungstools

Spezielle Vereinbarungen
- Verwendung von bestimmten Datenträgertypen
- Auslastungsvorgaben von Datenträgen
- Grenzwerte für die Datenspeicherung
- Exklusive Nutzung von Speichermedien

Wiederherstellungsmanagementprozeß

Prozeßdefinition
- Etablierung systemtechnischer Maßnahmen zur Sicherstellung und Wiederherstellung von System- und Anwendungsdaten

Prozeßaufgaben/-ziele
- Etablierung von Datensicherungskonzepten
- Planung und Koordination von Wiederherstellungstests
- Unterstützung der Funktion Katastrophenvorsorge
- Fehlerfreie Wiederherstellung der Daten im Problemfall

Spezielle Vereinbarungen
- Regelmäßige Katastrophentests
- Wiederherstellung definierter Daten in bestimmten Zeitintervallen

Abb. 7.34 Betriebsprozesse - Teil 2

Kapazitätsmanagementprozeß

Prozeßdefinition
- Strategische Planung und Kontrolle der DV-Kapazitäten im Rechenzentrumsbetrie
  wie Rechner- und Plattenkapazitäten

Prozeßaufgaben/-ziele
- Übersicht über alle DV-Kapazitäten innerhalb des Rechenzentrums
- Optimale Ausrichtung der Kapazitäten an aktuellen und zukünfigen Bedürfnissen
- Einleiten von entsprechenden Beschaffungsmaßnahmen
- Strategische technische Ausrichtung

Spezielle Vereinbarungen
- Frühzeitige Information an Servicenehmer bei sich abzeichnenden Kapazitäts-
  engpässen
- Elnsatz von definierten DV-Ressourcen
- Regelmäßige Information bei Änderungen am Environment
- Vorgaben für Konfiguration Unterbrechungsfreie Stromversorsorgung (USV).

Performancemanagementprozeß

Prozeßdefinition
- Kontrolle und Optimierung des Verhaltens von Rechner- und Speicherenvironment
  innerhalb einer IT-Organisation

Prozeßaufgaben/-ziele
- Kontrolle der vereinbarten Performanceziele
- Kontrolle des Antwortzeitverhaltens
- Kontrolle der Betriebsstandards
- Optimierung und Tuning des Environments

Spezielle Vereinbarungen
- Definition/Überwachung von definierten Performanceschwellwerten
- Lieferung von bestimmten Performancedaten zu bestimmten Terminen
- Information/Eskalation an Servicenehmer bei schlechter Performancesituation
- Erweiterung Rechnerkonfiguration (Tuning) bei Engpaßsituationen

---

Businessmanagementprozeß

Prozeßdefinition
- Betreuung aller betriebswirtschaftlichen, also nicht-technischen Funktionen innerhalb einer IT-Organisation

Prozeßaufgaben/-ziele
- Zentrale Koordination und Abwicklung aller betriebswirtshaftlichen Komponenten
  wie Budgetierung, Planung etc.

Abb. 7.34 Betriebsprozesse - Teil 3

Spezielle Vereinbarungen
- Diese Vereinbarungen sind normalerweise nicht im Betriebshandbuch dokumentiert. Sie betreffen in erster Linie Preis- und Kalkulationsinformationen

---

Sicherheitsmanagementprozeß

Prozeßdefinition
- Sicherstellen der Datenschutz- und Datensicherheitsrichtlinien

Prozeßaufgaben/-ziele
- Gewährleistung, daß Richtlinien befolgt werden
- Regelmäßige Revisionen und Untersuchungen auf Einhaltung des Prozesses

Spezielle Vereinbarungen
- Spezielle, auf Kunden zugeschnittene Vorgehensweisen, zum Beispiel für sensitive Daten bei Banken

---

Übergabemanagementprozeß

Prozeßdefinition
- Übernahme von Programmen und Anwendungen in die Produktionsumgebung

Prozeßaufgaben/-ziele
- Unterbrechungsfreie Übernahme von Programmen und Anwendungen in das Produktionsenvironment
- Revisionsfähige Dokumentation und Kommunikation der Betriebsablaufänderungen

Spezielle Vereinbarungen
- Übernahmen nur in bestimmten Intervallen erlaubt
- Übernahmen nie im laufenden Produktionsbetrieb
- Übernahmen müssen erst auf Testsystem getestet werden
- Spezielle Freigabeprozesse für sensitive Anwendungen

Abb. 7.34 Betriebsprozesse - Teil 4

Betriebsberichte

Durch die Betriebsberichte wird die Vertragseinhaltung kommuniziert und kontrolliert. Dabei ist es von der Art des Vertragsabschlusses abhängig, ob ggf. weitere Rechnungen geschrieben werden müssen oder bei Serviceeinbußen Gutschriften durch Vertragsstrafen zu erfolgen haben. Die Betriebsberichte stellen also eine Erfolgskontrolle über den abgegebenen Service dar. Grundsätzlich sollten in jedem Bericht neben

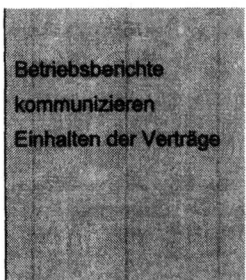

Betriebsberichte
kommunizieren
Einhalten der Verträge

der Auflistung von Schlüsseldaten folgende Informationen beigefügt sein:

- Ersteller (ggf. Programm)
- Erstellungszeitpunkt
- Erstellungszeitraum
- Erstellungsturnus
- Empfänger
- Verantwortlicher
- Klassifikation

Entsprechend der Vertragsvereinbarung werden individuelle Berichte erstellt und an den Servicenehmer weitergegeben ebenso wie Standardberichte, von denen einige beispielhaft dargestellt werden:

Verfügbarkeitsbericht
In diesem Bericht werden die Verfügbarkeiten einzelner Systeme oder Anwendungen innerhalb bestimmter Zeiträume dargestellt. Zusätzlich zu den Angaben in Abb. 7.35 sind folgende Punkte zu beschreiben:

- Ausfallursache
- Ausfallverursacher
- Ausfalldauer
- Problemlösung
- Besonderheit

Bei der Angabe des Ausfallverursachers ist es wesentlich, zwischen Servicenehmer und Servicegeber zu unterscheiden. Diese Kriterien können noch verschiedentlich heruntergebrochen werden. Zum Beispiel könnte die Verfügbarkeit unterteilt werden in Netz- und Systemverfügbarkeit, und letztere wieder in Verfügbarkeiten von Subsystemen wie CICS, IMS oder SQL. Um Anwendungen in ihrer Wertigkeit zum Beispiel gegenüber dem Abrechnungssystem zu erhöhen, bietet es sich an diese mit Gewichtungsfaktoren zu versehen.

Systemauslastungsbericht
Die Auslastungen der Betriebskomponenten sind hier in den vereinbarten Betriebszeiten erfaßt (Abb. 7.36). Sollte die Systemauslastung in MIPS gemessen werden, wird hier sowohl der Durchschnittswert (MIPS

Marginal notes:

Verfügbarkeiten einzelner Systemkomponenten

Verfügbarkeiten können auf verschiedenen Ebenen berichtet werden

Systemauslastungen während bestimmter Zeiten

average) wie der erreichte Maximalwert (MIPS maximal) angegeben. Die gleiche Betrachtungsweise gilt auch für die Rechnerauslastung.

Antwortzeitenbericht
Hier wird das Antwortzeitverhalten in Relation zur Systembelastung erfaßt. Im Beispiel (Abb. 7.37) werden Transaktionen generell betrachtet. Es bietet sich aber auch an, zwischen Online- und Batch-Transaktionen zu unterscheiden. Zur besseren Kontrolle ist hier zusätzlich ein Zielwert, also ein vertraglich vereinbarter Maximalwert der Antwortzeiten aufgeführt.

Plattenbelegungsbericht
Dieser Bericht zeigt, wie die Platten belegt sind, insbesondere wie hoch die prozentuale Belegungsrate ist (Abb. 7.38). Häufig werden belegte Gigabytes zur Abrechnung herangezogen. Der Belegungsgrad einer Speichereinheit sagt etwas über die Auslastung, aber auch das Performanceverhalten aus.

Bandverarbeitungsbericht
Der Bandverarbeitungsbericht zeigt an, wieviele Zugriffe auf Bänder durchgeführt wurden (Abb. 7.39). Hier sind Rückschlüsse auf manuelle Tätigkeiten der Operator möglich. Von der Anzahl der Bandzugriffe ist nicht auf die Anzahl der eingesetzten Bänder zu schließen.

Druckbericht
Das Druckvolumen ist zu dokumentieren (Abb. 7.40). Unterschiedliche Papierarten ziehen häufig lange Umrüstzeiten nach sich. Ebenso sind die Kosten für aufwendige Formulare höher als normales weißes Papier.

Problembericht
Der Problembericht ist einer der wichtigsten, der an den Servicenehmer geschickt wird (Abb. 7.41). Aus ihm muß vor allem ersichtlich sein, wer der Verursacher einer Störung war und um was für eine Art von Störung es sich gehandelt hat. Bei häufigem Auftreten gleichartiger Störungen sollte der Servicenehmer entsprechend intervenieren.

Antwortzeiten in Relation zur Systembelastung

Absolute und prozentuale Plattenbelegungsrate

Anzahl der Bandzugriffe

Druckvolumen

Aufgetretene Probleme und deren Weiterbearbeitung

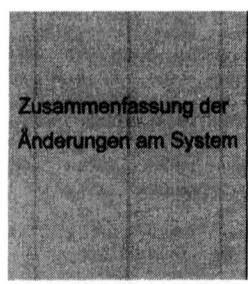

Änderungsbericht
Ähnlich wie beim Problembericht sind hier die Änderungen kurz beschrieben (Abb. 7.42). Durch die Angabe, ob ein Änderungen erfolgreich durchgeführt wurde, können ebenfalls Schwerpunkte in der nichterfolgreichen Umsetzung sichtbar gemacht werden. Weiterhin ist durch die Terminangaben eine Qualitätskontrolle hinsichtlich der Termintreue möglich.

Service	Betriebzeit	Betriebsart	Verfügbarkeit	Ausfall
STAMMDA1	Mo.-Fr. 07:00-19:00	Online	Plan: 99% / Ist: 93,4%	Plan: 4 / Ist: 2
STAMMDA1	Mo.-Fr. 19:00-22:00	Batch	Plan: 98% / Ist: 99,2%	Plan: 2 / Ist: 1
BEWEG1	Mo.-Fr. 07:00-19:00	Online	Plan: 98% / Ist: 98,1%	Plan: 2 / Ist: 0

Abb. 7.35 Verfügbarkeitsbericht

CPU	Betriebzeit	MIPS avg.	MIPS max.	Auslastg. avg. %	Auslastg. max. %
4711 - 3090-60E	Mo.-Fr.07:00:00-19:00:00	50,89	98,80	70	90
4712 - Compaq Pro.	Mo.-Fr.07:00:00-22:00:00	49,6	92,10	79	94

Abb. 7.36 Systemauslastungsbericht

Service	Betriebzeit	Anzahl Transaktionen	Antwortzeit avg. (sec.)	Antwortzeit Ziel (sec.)
BEWEG2	Mo.-Fr. 7:00-19:00	37650	0,4	1,5
BEWEG3	Mo.-Fr. 7:00-15:00	19898	0,8	2,0

Abb. 7.37 Antwortzeitenbericht

Speichereinheit	Kapazität Gigabyte	Belegt Gigabyte	Belegt %
DASD4711	2999,767	2993,168	99,78
DASD4712	8000,670	2729,853	34,12

Abb. 7.38 Plattenbelegungsbericht

Service/System	Datum	Betriebszeit	Bandzugriffe
XY007	01.03.1996	Mo.-Fr. 07:00-22:00	567
XY008	01.03.1996	Mo.-Fr. 22:00-07:00	117

Abb. 7.39 Bandverarbeitungsbericht

Service/System	Datum	Gedruckte Zeilen	Gedruckte Seiten Papier 4711	Gedruckte Seiten Papier 4712
XY007	01.03.1996	130987	4001	2981
XY008	02.03.1996	400709	20090	1943

Abb. 7.40 Druckbericht

Problem-identifikation	Datum	System	System-ausfall	Verursacher	Beschreibung
XYZ4711	02.03.1995	XY007	0,5 Std.	Servicegeber	falsche Sysres bei IPL
XYZ4712	05.03.1995	XY008	0,9 Std.	Servicegeber	Plattenausfall

Abb. 7.41 Problembericht

Änderungs-identifikation	Datum	Datum Plan Umsetzung	Datum Ist Umsetzung	System	Änderung erfolgreich
XYZ4711	03.03.1995	05.03.1995	05.03.1995	XY007	ja
XYZ4712	04.03.1995	10.03.1995	15.03.1995	XY008	nein

Abb. 7.42 Änderungsbericht

Kommunikationsmatrix

In diesem Abschnitt sind sämtliche Kommunikations-wege aufzuzeigen, welche zum Produktionsbetrieb erforderlich sind. Insbesondere müssen aber auch Eskalationswege vorgesehen werden. Idealerweise sollten nicht allzuviele Ansprechpartner existieren, sondern für jede Managementdisziplin einer, wobei von Namensnennungen an dieser Stelle abzuraten ist. Besser ist es, lediglich Telefonnummern oder Funktionen zu dokumentieren. Auch Funktionen außerhalb des IT-

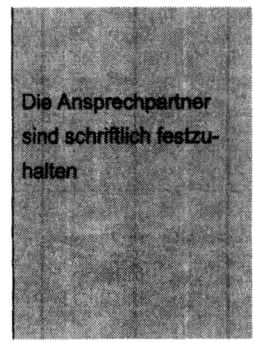

Die Ansprechpartner sind schriftlich festzuhalten

Managementsystems sollten bei Bedarf kontaktiert werden können, wie zum Beispiel der Werkschutz. Neben einer Kommunikationsmatrix auf der Fachebene sollte gleiches auch auf der Managementebene existieren.

Katastrophenfall
An dieser Stelle des Betriebshandbuches kann nicht die gesamte Katastrophenvorsorge beschrieben werden. Es ist daher sinnvoll, hier auf die entsprechende Dokumentation "Katastrophenhandbuch" zu verweisen. Hier sind alle Maßnahmen und Vorkehrungen zu beschreiben, die erforderlich sind, um den Rechenzentrumsbetrieb nach einem Totalausfall wieder aufnehmen zu können.

7.7.3 Gesamttest

Nachdem alle Komponenten eingerichtet sind, ist ein Abschluß- bzw. Gesamttest durchzuführen. Für diesen können je nach Umgebung auch noch Detail- und Vorabtests erforderlich sein.

Es ist zu empfehlen, den Gesamttest als Paralleltest zu organisieren. Dies erfordert zusätzliche Kapazitäten, bringt aber den Vorteil mit sich, daß die Produktionsabläufe nicht beeinflußt werden und außerdem die Testergebnisse direkt mit den Originaldaten verglichen werden können. Wesentlich ist, ihn mit der gesamten Betriebsumgebung und allen Komponenten durchzuführen.

Ist der Test nicht erfolgreich, so sind entsprechende Maßnahmen zur Fehlerbehebung einzuleiten und der Test zu einem späteren Termin zu wiederholen. Aus diesem Grund ist es ganz wichtig, das Produktionsumfeld des Servicenehmers unangetastet zu lassen, damit der normale Produktionsbetrieb weiterlaufen kann, unabhängig von allen Outsourcing-Aktivitäten.

Der Test endet mit der Erfüllung der definierten Erfolgskriterien und der schriftlichen Abnahme durch den Servicenehmer.

The sidebar notes read:

Vorgehensweise wird im "Katastrophenhandbuch" beschrieben

Abschlußtest sollte als Paralleltest organisiert sein

Produktionsumgebung sollte unangetastet bleiben

7.7.4 Produktionsbeginn

Der Termin des Produktionsbeginns ist sicherlich einer der kritischsten, denn hier wird "der Hebel umgelegt" und die Produktionsverfahren laufen unter der Verantwortung des Servicegebers. Es hat eine schriftliche "GO-Entscheidung" des Servicenehmers zu erfolgen, welche beinhaltet, daß die Übernahme des Systems erfolgreich war. In der Anfangsphase der Produktion tauchen sicherlich eine Reihe von Problemen auf, die im Vorfeld nicht berücksichtigt wurden. Teilweise müssen Prozeßdefinitionen geändert und angepaßt werden. Je nach Komplexität kann diese Angleichungsphase mehrere Monate dauern (Stabilisierungsphase). Dennoch zeigt sich hier, wie qualitativ gut und professionell die gesamte Mannschaft im Vorfeld der Produktionsübernahme gearbeitet hat.

Servicenehmer muß die erfolgreiche Übernahme bestätigen

8 Verantwortlichkeiten und Kommunikationsstrukturen

Die verschiedenen Verantwortlichkeiten und Kommunikationsstrukturen sind bei einem Outsourcing sehr wichtig und vielfältig. Entsprechend der Zuordnung von Verantwortlichkeiten werden die Phasen des Outsourcing hier zusammengefaßt in

- Kontaktaufnahme und Angebotsbearbeitung
- Vertragsverhandlungen
- Planung und Übernahme

8.1 Kontaktaufnahme und Angebotsbearbeitung

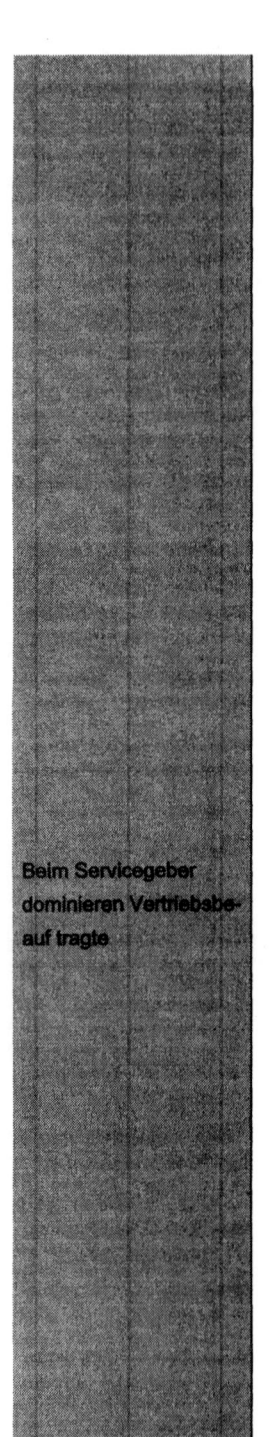

Beim Servicegeber dominieren Vertriebsbeauftragte

In den Phasen der Kontaktaufnahme und Angebotsbearbeitung dominieren auf Seite des Servicegebers die Vertriebsbeauftragten, während auf Servicenehmerseite im wesentlichen das höhere Management einbezogen ist. Im einzelnen sind folgende Personen beteiligt:

Servicegeberseite
- Vertriebsbeauftragter
- Outsourcing-Vertriebsbeauftragte
- (Späterer) Vertragsmanager
- Expertenteams

Servicenehmerseite
- Vorstand/Geschäftsleitung
- EDV-Leiter
- Ausgewähltes Fachpersonal

Die Rolle des Vertriebsbeauftragten ist bereits ausführlich erläutert worden. Eine vertrauensbildende

Maßnahme seitens des Servicegebers ist, den späteren Vertragsmanager bereits in dieser Phase einzubeziehen und dem Servicenehmer vorzustellen. Von seiner Integrität, der Kommunikationsbereitschaft mit dem höheren Kundenmanagement sowie seiner Kompromißfähigkeit wird das spätere Verhältnis zwischen Servicegeber und Servicenehmer wesentlich geprägt. Außerdem wird ihm so Gelegenheit gegeben, bereits in dieser frühen Phase Kontakte zu knüpfen und in alle Problemstellungen involviert zu sein. Darüber hinaus sind in der Angebotsphase verschiedene Expertenteams beteiligt. Viele Servicegeber verfügen über für Outsourcing-Fragestellungen spezialisierte Teams, die große Erfahrung haben und an der Preis- und Kostenkalkulation beteiligt sind. Neben technischen Experten, z.B. für Netzwerkfragen, sollten auch Controller und Angebotsmanager Teile dieser Teams ein.

Auf der Servicenehmerseite ist in dieser Phase im wesentlichen das höhere Management einbezogen. Zusätzlich ist für die Ausschreibung aber das Know-How von speziell ausgesuchtem Fachpersonal erforderlich.

Auch auf Seite des Servicenehmers sollte der spätere Vertragsmanager schon in dieser Phase definiert sein. Seine frühzeitige Einbeziehung hat die gleichen Vorteile wie für den Vertragsmanager des Servicegebers. In vielen Fällen wird der bisherige EDV-Leiter des Servicenehmers sein späterer Vertragsmanager sein.

Meetings und Besprechungen werden noch nicht nach einem vordefinierten Managementsystem durchgeführt. Wesentliche durchzuführende Meetings sind:

- Vertriebsgespräche mit höherem Management
- Angebotsgespräche zur Klärung von Fragen zur Angebotserstellung
- Angebotspräsentationsmeeting mit offizieller Vorstellung des Angebots
- Klärungs- und Detaillierungsgespräche
- Offizielles Meeting zur Unterschrift des "Letter-of-Intend"

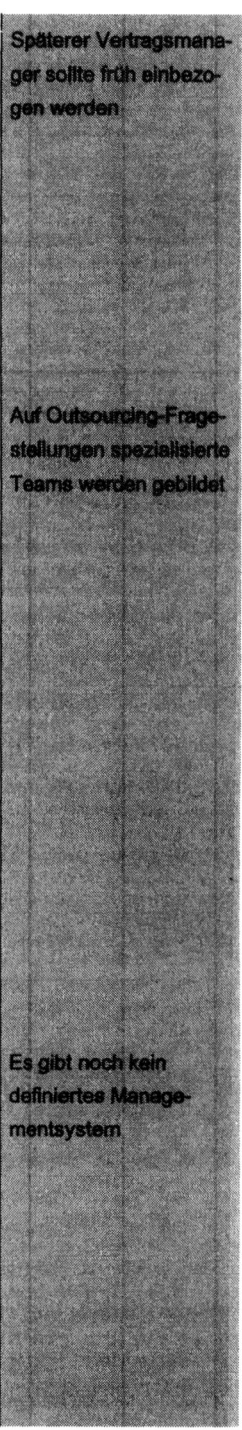

Späterer Vertragsmanager sollte früh einbezogen werden

Auf Outsourcing-Fragestellungen spezialisierte Teams werden gebildet

Es gibt noch kein definiertes Managementsystem

8.2 Vertragsverhandlungen

Während der Vertragsverhandlungen weichen die Verantwortlichkeiten und Kommunikationsstrukturen stark von der vorhergehenden Phase ab:

Servicegeberseite
- Jurist, spezialisiert auf Outsourcing-Fragen
- Technischer Projektleiter für die Übernahme
- (Späterer) Vertragsmanager
- Outsourcing-Vertriebsbeauftragter
- Experten für das technische Vertragsteam

*Servicenehmer*seite
- Jurist
- (Späterer) Vertragsmanager
- Experten für das technische Vertragsteam
- Entscheidungsbefugtes Management

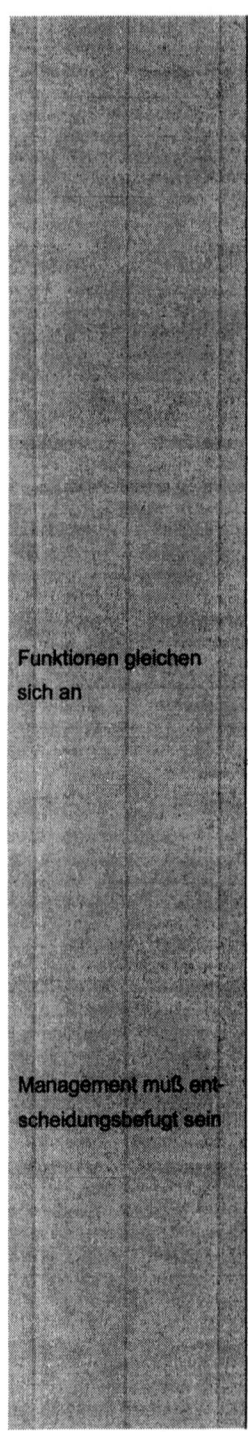

Funktionen gleichen sich an

Es ist zu erkennen, daß sich die Funktionen der beteiligten Personen auf beiden Seiten angleichen. Beide Parteien werden in dieser Phase Juristen einbeziehen, welche die juristischen Vertragsinhalte klären werden.

Parallel dazu wird das "Technische Vertragsteam" mit Experten beider Seiten besetzt, die servicebezogenen Fragen klären.

Speziell in dieser Phase werden verschiedene Managementebenen benötigt, da vielfach beide Seiten zu ausgehandelten Kompromissen zustimmen müssen. Dabei reicht es nicht aus, alle Entscheidungen der Geschäftsleitung zu überlassen.

Management muß entscheidungsbefugt sein

Es ist wichtig, entscheidungsbefugtes Management in die detaillierten Vertragsverhandlungen einzubeziehen. Auf Seite des Servicegebers wird das in der Regel der Outsourcing-Vertriebsbeauftrage sein, auf Servicenehmerseite der spätere Vertragsmanager, meist der bisherige EDV-Leiter.

Die späteren Vertragsmanager werden auch in dieser Phase intensiv einbezogen und sind ggf. sogar im oben beschriebenen Sinne entscheidungsbefugt. Wie bereits erläutert, sollten diese beiden Personen nicht unmittelbar die detaillierten Verhandlungen führen, da sonst Stimmungen aufkommen könnten, die das spätere Betriebsklima stören. Ihnen sollte eher die Rolle der "Schlichter" zufallen, die sie auch im späteren Betrieb regelmäßig ausüben müssen.

Eine mögliche Organisationsstruktur ist in Abb. 8.1 dargestellt. Dem Lenkungsausschuß sollten dabei folgende Funktionen angehören:

Ein Lenkungsausschuß steuert das Projekt

- Repräsentant Geschäftsleitung beider Seiten
- (Spätere) Vertragsmanager beider Seiten
- Outsourcing-Vertriebsbeauftragter des Servicegebers
- EDV-Leiter des Servicenehmers
- Repräsentant Technisches Vertragsteam beider Seiten
- Repräsentant Juristisches Vertragsteam beider Seiten

Abb. 8.1 Organisation Lenkungsausschuß

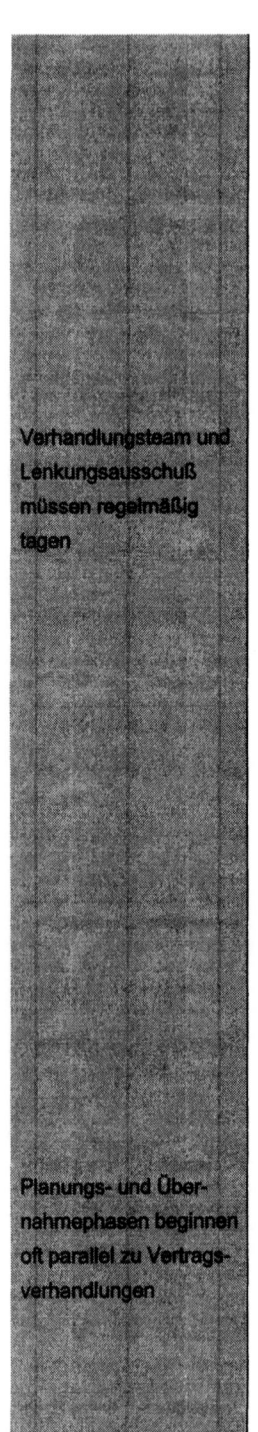

Die Aufgaben des Lenkungsausschusses sind:

- Entscheidungsreife Vorlagen für Geschäftsleitung erarbeiten
- Entscheidungen bei Streitfragen treffen
- Neue Aspekte und Fragen zur Klärung an die beiden Teams delegieren
- Überprüfen, ob die Verhandlungen gemäß Zeitplan verlaufen
- Überprüfen, ob die Verhandlungen im partnerschaftlichen Verständnis geführt werden

Verhandlungsteam und Lenkungsausschuß müssen regelmäßig tagen

Verhandlungsteams und Lenkungsausschuß müssen regelmäßig tagen. Erfahrungsgemäß sind eine Vielzahl von Sitzungen durchzuführen, bevor ein Vertrag wirklich unterschriftsreif ist.

Diese Termine sind frühzeitig und großzügig in einem Projektplan festzulegen. Insbesondere sollten regelmäßige Statusbesprechungen des Lenkungsausschusses festgelegt werden, in denen der generelle Projektfortschritt beleuchtet wird.

Am Ende dieser Phase steht der Termin der Vertragsunterschrift. Im Sinne des "transparenten Managements" und zur Motivation aller Beteiligten bietet sich an, zumindest alle an den Vertragsverhandlungen Beteiligten zu einer, dem Anlaß angemessenen Feierlichkeit einzuladen. Diese Veranstaltung bietet auch die Gelegenheit, die neue Partnerschaft weiter zu vertiefen.

8.3 Planung und Übernahme

Planungs- und Übernahmephasen beginnen oft parallel zu Vertragsverhandlungen

Diese Phasen können parallel zu den Vertragsverhandlungen beginnen. In diesem Fall gibt es Abhängigkeiten, zumindest was die Terminierung anbelangt. In der beschriebenen Form kommt sie nur dann zum Tragen, wenn das Rechenzentrum des Servicenehmers in ein Großrechenzentrum des Servicegebers, verlagert wird.

Auf Seite des Servicegebers gibt es die aus der Personalübernahme gemäß §613a BGB resultieren-

den Übernahmeaktivitäten. Sowohl auf Servicenehmer wie Servicegeberseite sind folgende Personen
bzw. Funktionen beteiligt:

- Technischer Projektleiter
- Mitarbeiter verschiedener Fachfunktionen
  (z.B. Personal)
- Fachbereichsmitarbeiter

Bei beiden Parteien sind dieselben Funktionen beteiligt

Die technischen Projektleiter sind dafür verantwortlich, einen reibungslosen Übergang des Rechenzentrums sicherzustellen. Sie sollten nicht oder nur peri-
pher in die Vertragverhandlungen einbezogen
werden.

Dadurch wird erreicht, daß diese Personen nicht
zusätzlich belastet werden und sich ausschließlich auf
ihre Aufgabe konzentrieren können. Sie sollten aber
direkt oder indirekt an die späteren Vertragsmanager
berichten, damit diese auch über den wichtigen Teil
der Übernahme immer aktuell informiert sind.

Von der Kompetenz des technischen Projektleiters
auf Seiten des Servicegebers kann auch eine gute,
oder schlechte Reputation abhängen, denn der Servicenehmer wird genau diese Aktivitäten und die Professionalität des Servicegebers in dieser Phase beobachten.

Eine wesentliche Aufgabe des Übernahmeteams
ist auch die Mitarbeit an der Erstellung des Betriebshandbuches. Zur Analyse und Umsetzung von Geschäftsprozessen ist die Einbeziehung von Fachbe-
reichsmitarbeitern des Servicenehmers erforderlich.

Übernahmeteam arbeitet mit an Betriebshandbuch

8.4 Aufgaben der Vertragsmanager

In der späteren Betriebsphase reduziert sich die Anzahl der beteiligten Personen drastisch. Die wesentlich beteiligten sind die beiden Vertragsmanager neben den Betriebsfachfunktionen. Die Mitwirkung bei
den ersten Marketingaktivitäten des Outsourcing bis
hin zur Betriebsphase sind in Abb. 8.2 nochmals
schematisch skizziert.

Funktionen Servicegeber	Marketing- und Angebot	Vertrags- erstellung	Übernahme	Betrieb
Vertriebsbeauftragter	■	■		
Outsourcing-Beauftragter	■	■		
Vertragsmanager	■	■		
Angebotsteam	■			
Jurist		■		
Technischer Projektleiter		■	■	
Fachbereichsmitarbeiter			■	■
EDV-Experten			■	■
Funktionen Servicenehmer	Marketing- und Angebot	Vertrags- erstellung	Übernahme	Betrieb
Geschäftsleitung	■	■		
EDV-Leiter	■	■		
Vertragsmanager	■	■		
Jurist		■	■	
Technischer Projektleiter		■	■	
Fachbereichsmitarbeiter	■		■	■
EDV-Experten			■	■

Abb. 8.2 Mitwirkung der Funktionen in Phasen

Vertragsmanager haben sehr große Verantwortung

Eine wesentliche Funktion im gesamten Outsourcing-Umfeld haben die Vertragsmanager. Auf sie kommt eine große Verantwortung sowohl dem Servicenehmer wie auch dem Servicegeber gegenüber zu. Ihre Aufgaben haben unterschiedliche Ausprägungen.

8.4.1 Vertragsmanager Servicegeber

Falls für den Servicenehmer eine eigene Betreiberge-sellschaft, z.B. als GmbH gegründet wird, ist er in der Regel der Geschäftsführer.

Er hat gegenüber seinem Management folgende Aufgaben und Verpflichtungen :

- Verantwortung für Qualität des Services
- Verantwortung für Erstellung Zusatzangebote
- Verantwortung für Rechnungs- und Berichtserstellung
- Verantwortung für Leistungserfassung
- Abhalten von Besprechungen mit Servicenehmer über Qualität und generelle Zufriedenheit
- Hauptansprechpartner für alle vertraglichen Fragen sowie Vertragsveränderungen und -erweiterungen
- Marketing für Vertragserweiterung

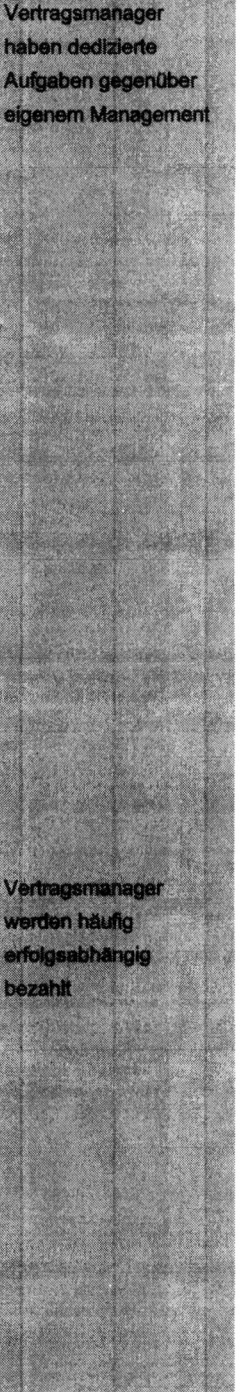

Vertragsmanager haben dedizierte Aufgaben gegenüber eigenem Management

Gegenüber dem Servicenehmer sehen die Aufgaben und Verpflichtungen folgendermaßen aus:

- Verantwortung für qualitativ hochwertigen Service
- Verantwortung für korrekte Abwicklung des Vertrages
- Verantwortung für Vertragserweiterungen
- Verantwortung für Betriebsergebnis des Vertrages
- Verantwortung Personalpunkte für "outgesourctes" Personal
- Verantwortung für korrekte Rechnungserstellung
- Teilnahme an regelmäßigen Besprechungen mit Geschäftsleitung

In den meisten Fällen wird der Vertragsmanager erfolgsabhängig bezahlt werden. Als Kriterien für sein Gehalt können folgende Faktoren herangezogen werden:

Vertragsmanager werden häufig erfolgsabhängig bezahlt

- Kundenzufriedenheit, gemessen an Benutzerumfragen
- Betriebsergebnis des Vertrages, gemessen an der Basiskalkulation des Angebotes
- Zusatzumsatz durch Verträge, die während der Laufzeit mit dem Servicenehmer abgeschlossen werden

An der Tatsache, daß der Vertragsmanager am Betriebsergebnis gemessen wird, ist erkenntlich, wie wichtig seine Einbeziehung in der Angebotsphase ist. In vielen Fällen wird er sogar das endgültige Angebot

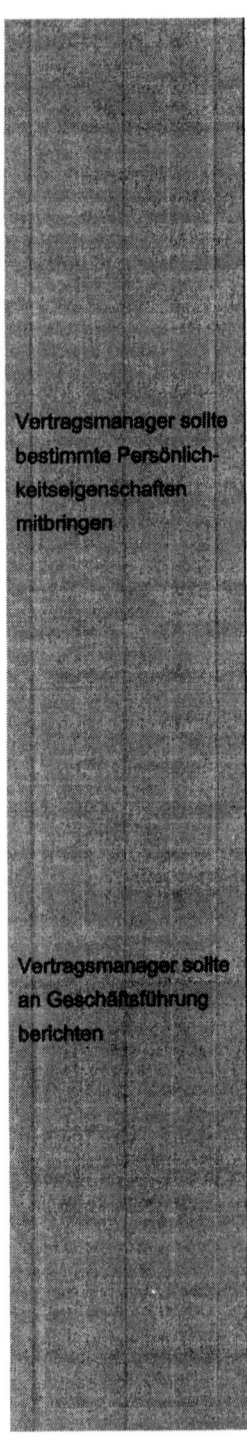

unterzeichnen müssen, um damit sein Einverständnis zur vorgelegten Kalkulation zu geben, die er später in der Umsetzung auch zu vertreten hat. Um diese Aufgabe zu erfüllen, muß er entscheidungsbefugt sein, und darf nicht für Kleinigkeiten die Entscheidung von seinem vorgesetzten Management einholen müssen. Es muß sich also, je nach Größe des Vertrages, bei der Besetzung um einen Mitarbeiter mit höherem Managementpotential handeln. Der Vertragsmanager sollte folgende persönliche Eigenschaften mitbringen:

- Technische Kenntnisse
- Betriebswirtschaftliche Kenntnisse
- Vertriebsorientierte Fähigkeiten
- Teamorientierte Arbeitsweise

Die großen Outsourcing-Anbieter gehen dazu über, dieses Know-How durch Trainingsprogramme aufzubauen, um die in Frage kommenden Manager zu schulen und besser auf Ihre Aufgaben vorzubereiten.

Die Erfahrung zeigt, daß ein Vertragsmanager mehr als drei Outsourcing-Verträge gleichzeitig nur unter Qualitätsverlusten betreuen kann. Bei mittelgroßen Verträgen dürften es höchstens zwei sein, und für größere Verträge sind dedizierte Vertragsmanager erforderlich.

Der Servicenehmer sollte sich auch die organisatorische Einbindung des Vertragsmanagers erläutern lassen. Sollte dieser nur an die mittlere oder gar untere Managementebene des Servicegebers berichten, so ist zweifelhaft, ob er über die nötige Entscheidungsbefugnis verfügt oder in kritischen Fällen schnell genug eine Entscheidung herbeiführen kann. Ideal ist, wenn der Vertragsmanager direkt an die Geschäftsführung des Servicegebers berichtet, was ihm dann die nötige Transparenz in kritischen Situationen verleiht.

Hinter dem Vertragsmanager wiederum steht natürlich ein ganzes Team von Mitarbeitern, das direkt oder indirekt an ihn berichtet.

Wichtig ist, daß er in kritischen Fällen eine schnelle Entscheidung über das eingesetzte Personal herbeiführen kann. Noch besser ist es, wenn das eingesetzte Personal direkt an ihn berichtet, was aber nur dann der Fall sein dürfte, wenn es sich um dedizieres, für einzelne Servicenehmer arbeitendes Personal handelt.

8.4.2 Vertragsmanager Servicenehmer

Seine Aufgaben und Verpflichtungen sind ähnlich gelagert wie die oben beschriebenen. Gegenüber dem eigenen Management:
- Verantwortung für die Servicequalität
- Verantwortung für die Vertragseinhaltung
- Verantwortung für Einfordern von Zusatzangeboten
- Verantwortung für EDV-Planung
- Ansprechpartner für alle Fachbereiche und deren Anforderungen

Gegenüber dem Servicegeber hat er folgende Aufgaben und Verpflichtungen:
- Verantwortung für Erstellung von Zusatzanforderungen
- Verantwortung für Freigabe von Zusatzangeboten
- Verantwortung für Bearbeitung regelmäßiger Benutzerumfragen
- Teilnahme an regelmäßigen Besprechungen mit Servicegeber
- Primärer Ansprechpartner

Analog zu dem Vertragsmanager des Servicegebers handelt es sich um eine höhere Managementfunktion, die entscheidungsbefugt sein muß. Auch die oben angeführten Bemerkungen über Berichtsweg und Managementsystem treffen analog zu. Seine wesentliche Funktion ist, die Anforderungen und Anregungen der Benutzer und Fachbereiche aufzunehmen, intern abzustimmen, und danach an den Servicegeber weiterzuleiten. Er stellt das Bindeglied zwischen Servicegeber und Fachbereichen dar. Auf Seiten des Servicegebers hat er nur den Vertragsmanager des Servicegebers als Ansprechpartner.

Vertragsmanager hat Serviceverantwortung

Vertragsmanager ist Bindeglied zwischen Servicegeber und Fachbereichen

8.5 Besprechungen

In einem Management-
system sollten alle tur-
nusmäßigen Bespre-
chungen festgelegt
werden

Die verschiedenen Interaktionen zwischen Servicegeber und Servicenehmer sind bereits bei der Rollen-
beschreibung der Vertragsmanager definiert worden.
Es ist klar, daß es dazu ein definiertes Managementsystem geben muß. Folgende Besprechungen sollten
darin vorgesehen werden:

- Servicestatusmeeting
- Strategiemeeting
- Feedbackgespräche

In dem Servicestatusmeeting werden die monatlichen
Berichte, die Basis für die Rechnungen sind, durch-
gesprochen und die Qualität des Betriebs in der letzten Zeitperiode diskutiert. Ggf. sollten Aufträge und
Aufgaben zur Verbesserung der Situation definiert
und adressiert werden. Das muß nicht zwangsweise
immer nur in Hinblick auf den Servicegeber passie-
ren, sondern kann durchaus auch den Servicenehmer
betreffen.

In den Strategiegesprächen, die nach Bedarf fest-
gelegt werden sollten, geht es um die zukünftigen
Anforderungen und Projekte des Servicenehmers.
Hier hat der Servicegeber die wichtige Rolle der Be-
ratung, da beim Servicenehmer kaum noch EDV-
Know-How vorhanden sein dürfte.

Sollte der Servicegeber regelmäßige Benutzerumfragen durchführen, so müssen Feedbackgespräche
vereinbart werden, in denen die Kritikpunkte offen
und fair diskutiert werden. Der Vertragsmanager des
Servicegebers, dessen Gehalt häufig von einer positiven Befragung abhängt, wird alles daransetzen, Kritikpunkte aus der Welt zu schaffen.

9 Outsourcing-Entscheidung

Eine der entscheidenden Fragen ist: "Soll outgesourct werden - Ja oder Nein?" Eine allgemeinverbindliche Antwort kann hier nicht gegeben werden. Auch eine Kontrolliste, deren Beantwortung zweifelsfrei Antwort gibt, ist nicht zu erstellen.

Es sollen hier einige Thesen aufgestellt werden, die grundsätzlich angewandt werden können, um damit eine Entscheidungsfindung zu erleichtern. Zunächst einmal spielt die Größe des Unternehmens eine Rolle.

9.1 These 1

Je kleiner ein Unternehmen, desto mehr Synergiepotential kann aus Outsourcing geschöpft werden.
Je größer ein Unternehmen, desto mehr Synergiepotential kann das Unternehmen selber realisieren.

Trotzdem kann auch bei größeren Unternehmen durch Outsourcing weitere Synergiepotentiale ausgeschöpft werden. Aber bedingt durch die gerade im Personalbereich vorhandenen sprungvariablen Kosten bei kleineren Unternehmen, sind dort die Einsparungseffekte im Personalbereich und durch ein Mitbenutzen der Hardware größer. Rationalisierungsmaßnahmen im Personalbereich sowie bei Rechenzentrumskonsolidierung, Einführung neuer Technologien etc. können von größeren Unternehmen selbst effektiv durchgeführt werden, wenn die unangenehmen Nebeneffekte, gerade im Personalbereich, in Kauf genommen werden. Große Unternehmen können zum Beispiel ihre gesamten EDV-Aktivitäten in ein eigenes EDV-Unternehmen einbringen und so wesentliche Einspa-

Outsourcing ist finanziell vor allem für kleine Unternehmen interessant

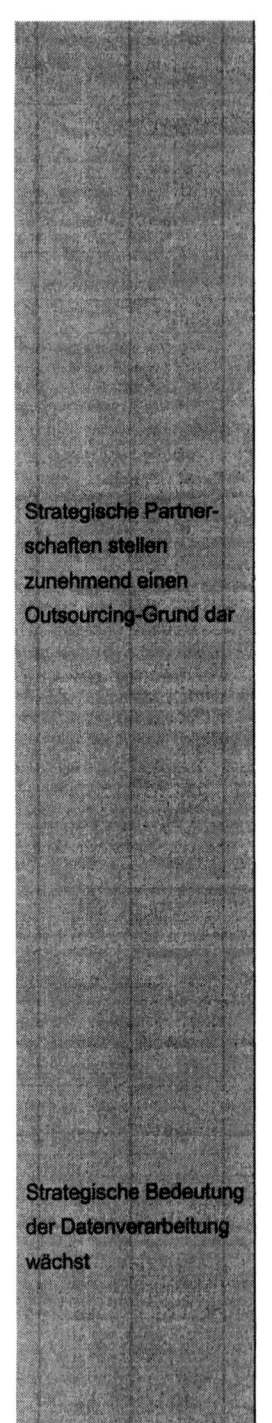

rungseffekte erzielen. Gegebenenfalls kann durch System Integration ein Teil-Outsourcing einzelner Funktionen, z.B. Benutzerunterstützung oder Netzmanagement parallel zu eigenen Rationalisierungsmaßnahmen für größere Unternehmen eine sinnvolle Variante sein.

9.2 These 2

Je größer die möglichen Vorteile strategischer Partnerschaften, desto eher ist Outsourcing überlegenswert.

Strategische Partnerschaften stellen zunehmend einen Outsourcing-Grund dar

Strategische Partnerschaften und Allianzen stellen zunehmend Gründe für eine Outsourcing-Entscheidung dar. Es können genannt werden:

- Zugang zu neuen Märkten, bedingt durch Kundenpotential des Servicegebers
- Zusätzlicher Umsatz durch Vermarktung von EDV-Leistungen an Dritte
- Zugang zu neuen Technologien und Anwendungen
- Zugang zu hervorragend ausgebildetem EDV-Personal
- Globalisierung der Märkte

Schwer zu beziffern ist bei strategischen Allianzen der finanzielle Vorteil, da er mehr indirekter Natur ist. Insbesondere beim Zugang zu neuen Märkten durch den Servicegeber und der Vermarktung von Leistungen an Dritte sollte auf eine vertragliche Fixierung gedrängt, zumindest aber eine gemeinsame Absichtserklärung formuliert werden.

Strategische Bedeutung der Datenverarbeitung wächst

Ungeachtet dessen wird die EDV-Infrastruktur eines Unternehmens in Zukunft noch mehr Einfluß auf das Geschäftsergebnis nehmen als bisher. Insbesondere die Fähigkeit, seine "EDV-Landschaft" schnell den aktuellen Gegebenheiten und Geschäftsprozessen anzupassen, wird ein ausschlaggebender Wettbewerbsvorteil sein.

Dies gilt auch für den Einsatz von Standardsoftware, die zu 90 % bei allen Unternehmen funktional nahezu gleich ist - der große Unterschied liegt in den letzten 10 %, die es schnell und flexibel anzupassen gilt. Hier kann Outsourcing auch für größere Unternehmen einen erheblichen Wettbewerbsvorteil sichern.

Strategische Allianzen sind dabei nicht zwangsläufig auf Servicegeber und Servicenehmer beschränkt, sondern können sich auf alle Unternehmen beziehen, an denen einer von beiden beteiligt ist. Ein derartiger Konzentrationsvorgang ist derzeit z.B. am Telekommunikationsmarkt intensiv zu verfolgen.

Die Globalisierung der Märkte an sich ist ebenfalls ein Faktor, der verstärkend hinzukommt. Eine Entscheidung zum Outsourcing aus strategischen Gründen ist mehr geschäftspolitisch als kostensparend motiviert und muß in den jeweiligen Fällen individuell geprüft werden.

9.3 These 3

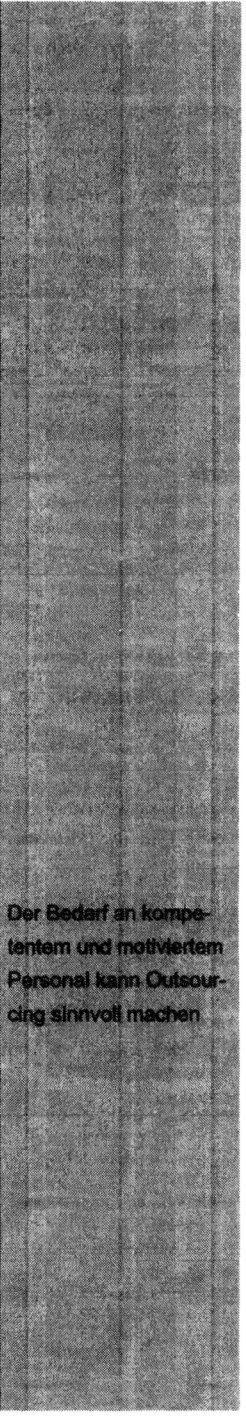

Je größer die EDV-Personalprobleme eines Unternehmens, desto eher kann Outsourcing als Lösungselement in Frage kommen.

In vielen Unternehmen ist das EDV-Personal nicht ausreichend auf die Herausforderungen der kommenden Jahre vorbereitet. Ursachen hierfür sind:

- Alter der Mitarbeiter
- Zu wenig Fachkönnen, insbesondere beim Umrüsten auf neue Technologien oder im Anschluß daran
- Zu wenig Personal (kritische Untergrenze)
- Stark zunehmende Anforderungen durch Fachbereiche

Der Bedarf an kompetentem und motiviertem Personal kann Outsourcing sinnvoll machen

Es ist für ein Unternehmen außerordentlich problematisch, den Weg in die Zukunft mit einer ungenügend gerüsteten Mannschaft zu wagen. Indem beim Outsourcing auf kompetentes Personal zugegriffen

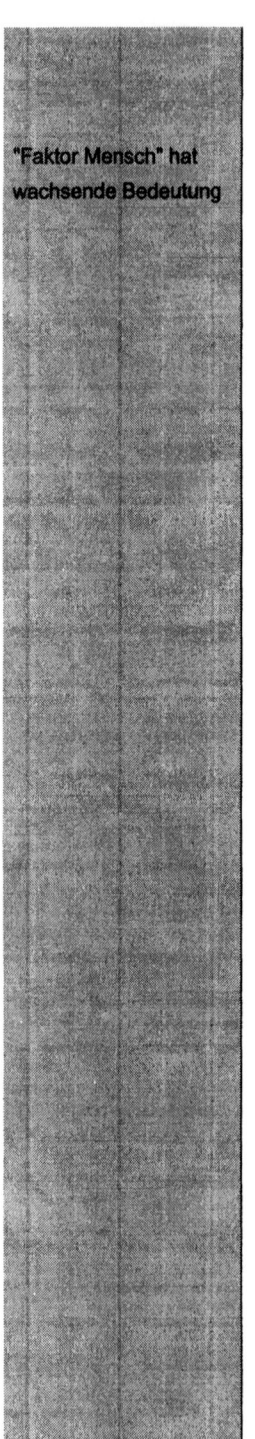

"Faktor Mensch" hat wachsende Bedeutung

wird, kann sich der Servicenehmer wesentlicher besser am Markt positionieren. Trotz aller technischer Neuerungen wird die Zukunft noch stärker als heute davon abhängen, wie es den Menschen gelingt, diese gewinnbringend anzuwenden. Der "Faktor Mensch" hat daher eine wachsende Bedeutung.

Diese kleine Auswahl an Überlegungen zeigt bereits, wie schwierig eine Outsourcing-Entscheidung ist und wieviele unterschiedliche Faktoren hier mitspielen können. Die Entscheidung sollte daher sehr gut überlegt sein, denn sie ist von größerer geschäftspolitischer und zukunftsweisender Bedeutung als manche Geschäftsleitung dies heute sieht.

10 Zukunft des Outsourcing

Die wesentlichen Fragestellungen zu diesem Thema lauten:

- Wie sieht die Zukunft des Outsourcing aus?
- Gibt es Trends zum Insourcing?
- Wie wird sich der Markt bis zum Jahr 2000 generell entwickeln?

Die Beantwortung dieser Fragen und die Ausarbeitung entsprechender Szenarien wollen die Autoren nicht durchführen, ohne die Meinung von Experten einzubeziehen.

Freundlicherweise hat die Gartner Group GmbH die Genehmigung erteilt, ihre Untersuchungsergebnisse zu diesem Thema hier zu veröffentlichen.

10.1 Wirtschaftliche Entwicklung

Die Graphiken in Abb. 10.1 und 10.2 geben einen Überblick über die Aufteilung und Entwicklung des Outsourcing-Marktes hinsichtlich der einzelnen "outgesourcten" EDV-Funktionen.

Den Markt von 18,2 Milliarden Dollar weltweit haben sich im Jahre 1995 praktisch die beiden großen Outsourcing-Anbieter IBM und EDS geteilt, denn sie haben zusammen 45 Prozent dieses Umsatzes in ihren Unternehmen verbuchen können. Bis zum Jahr 2000 wird sich das Umsatzvolumen des Outsourcing-Marktes mehr als verdoppelt haben. Es beträgt dann 42,6 Milliarden Dollar.

Die vielen Unternehmen, die Outsourcing als Serviceleistung anbieten, werden es schwer haben, sich als Globalanbieter im Wettberwerb gegen diese Bei-

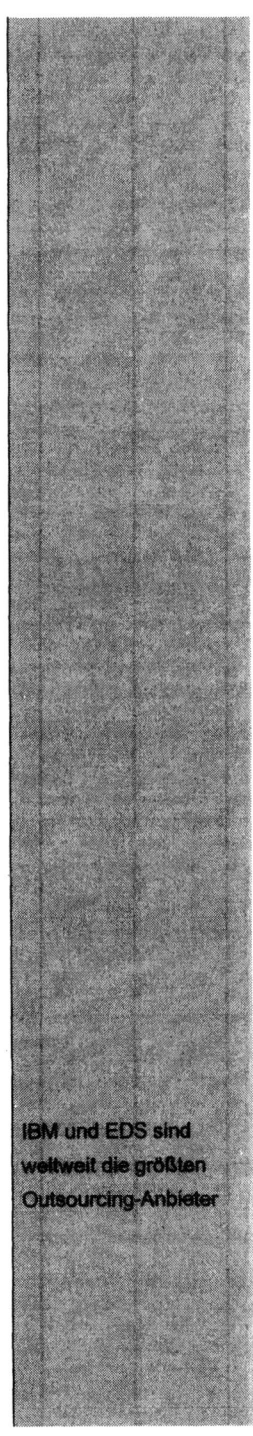

IBM und EDS sind weltweit die größten Outsourcing-Anbieter

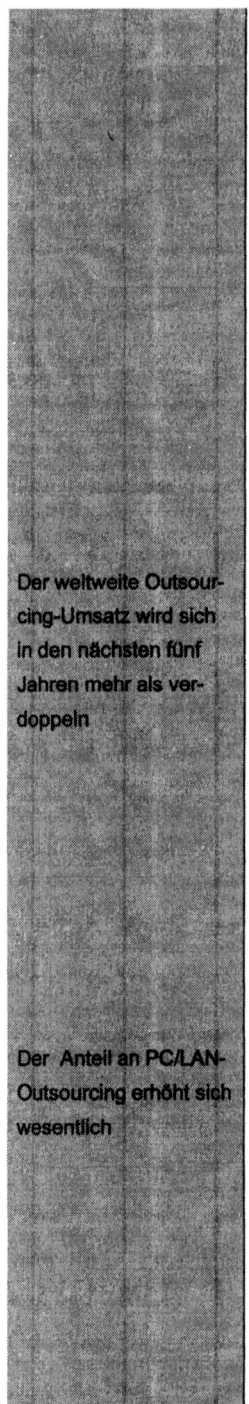

den durchzusetzen. Die weltweit führenden Service-lieferanten sind in Abb. 10.3 im Vergleich darge-stellt. Hier zeigt sich deutlich, daß die oben genann-ten beiden Unternehmen auch in 1996 den Outsour-cing-Markt beherrschen werden. Dieser Trend wird sich die nächsten Jahren voraussichtlich in dieser Richtung fortsetzen.

Der weltweite Outsour-cing-Umsatz wird sich in den nächsten fünf Jahren mehr als ver-doppeln

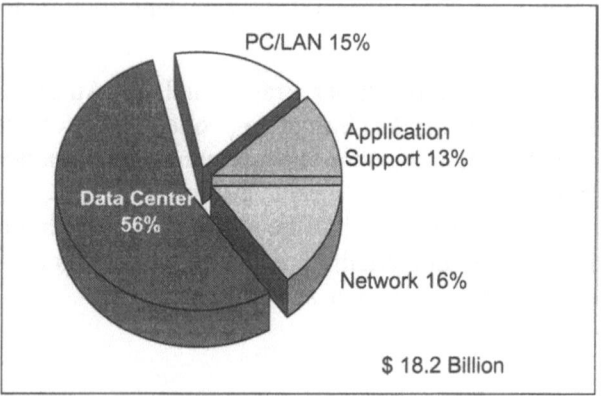

Abb. 10.1 Worldwide Outsourcing Market 1995
Quelle: Gartner Group GmbH

Der Anteil an PC/LAN-Outsourcing erhöht sich wesentlich

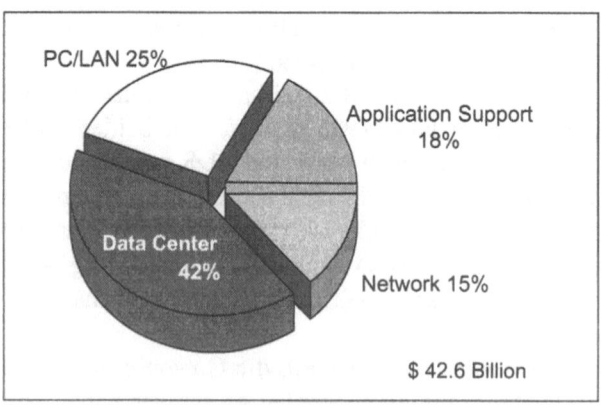

Abb. 10.2 Worldwide Outsourcing Market 2000
Quelle: Gartner Group GmbH

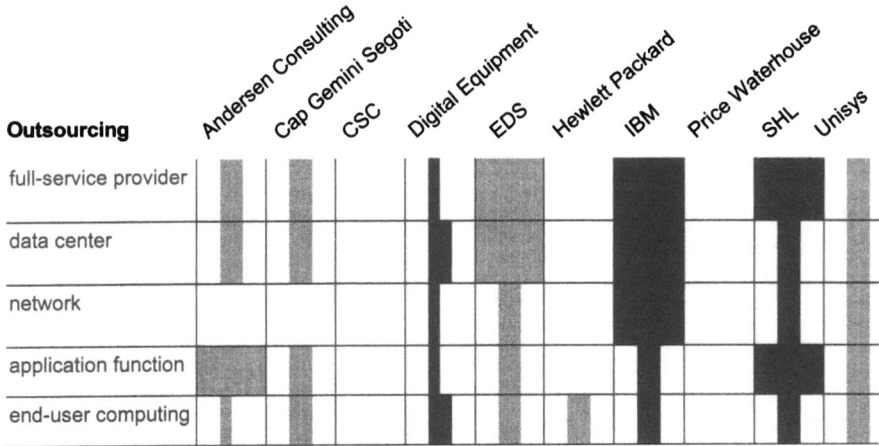

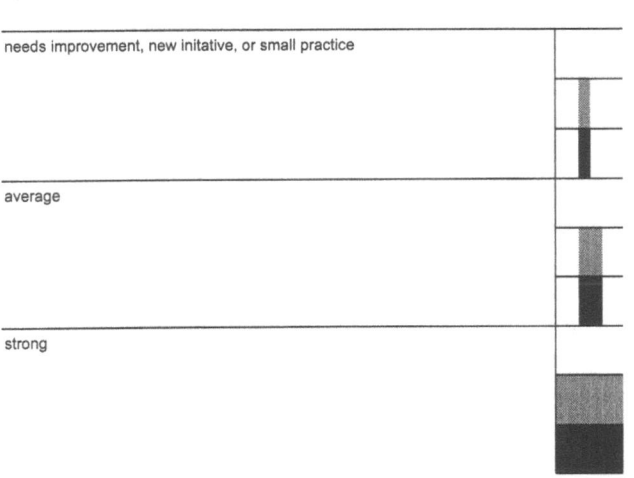

- Andersen Consulting, Chicago, Illinois, U.S.A.
- Cap Gemini Sogeti, Grenoble, France
- CSC, El Segundo, California, U.S.A.
- Digital Equipment Corporation, Maynard, U.S.A.
- EDS (Electronic Data Systems), Dallas, Texas, U.S.A.
- Ernst & Young, New York, U.S.A.
- Hewlett, Packard, Mountain View, California, U.S.A.
- IBM, Armonk, New York, U.S.A.
- Price Waterhouse, New York, U.S.A.
- SHL Systemhouse, Toronto, Canada
- Unisys, Blue Bell, Pennsylvania, U.S.A.

10.2 Generelle Entwicklung

Folgende Trends sind generell im Outsourcing-Bereich zu beobachten (Quelle Gartner Group GmbH):

- Die bisher abgeschlossenen Verträge sind alles in allem zufriedenstellend gehandhabt worden. Ungeachtet dessen werden zwischen 1997 und 1999 mit 70%iger Wahrscheinlichkeit 25 % der Verträge grundlegend überarbeitet und ca. fünf Prozent der Verträge gekündigt, wobei hier der Servicegeber gewechselt wird, statt ein Insourcing durchzuführen.
- EDV-Outsourcing bleibt weiterhin ein Trend und wird zunehmend als Routine betrachtet. Es wird auch weiterhin große Outsourcing-Verträge über das gesamte EDV-Spektrum geben, aber der Schwerpunkt wird beim Komponenten-Outsourcing liegen.
- Obwohl weiterhin einige Servicenehmer aus Kostengründen auslagern, tun dies mit 60%iger Wahrscheinlichkeit bis 1997 ca. 70 % der Unternehmen, die "outsourcen", deshalb, weil sie sich davon eine bessere Unterstützung ihrer Geschäftsprozesse versprechen.
- Mit 80%iger Wahrscheinlichkeit werden die Unternehmen zunehmend geschäftsprozeßorientiertes Outsourcing nichtkritischer Prozesse (Buchhaltung, Gehaltsabrechnung etc.) durchführen.
- Bis 1998 werden mit 80%iger Wahrscheinlichkeit etwa 75 Prozent der Unternehmen Teile ihrer EDV-Landschaft auslagern. Der Schwerpunkt wird bei Endbenutzerfunktionen und Desktop-Services liegen.
- Bis zum Jahr 2000 wird Anwendungsentwicklungs-Outsourcing einen Marktanteil von ca. 20 Prozent des gesamten Outsourcing-Marktes einnehmen, wobei zunehmendes Interesse an Programmierunterstützung aus Billigländern zu verzeichnen ist.
- Von 1997 an ist das Auswahlmodell von Servicegebern ein Unternehmen für alle Infrastruk-

turfunktionen und der "Best-of-Breed"-Anbieter für
Applikations-Outsourcing. Der größte Teil der Unternehmen sucht dabei einen Generalunternehmer,
der alle Outsourcing-Verträge für das Unternehmen
abwickelt.

- Eine Verteilung des betriebswirtschaftlichen Risikos auf beide Partner wird sich mehr und mehr
durchsetzen.
- Die Anzahl der neuen Anbieter am Markt steigt
stark an. Dabei wird sich das Angebotsspektrum
der einzelnen Anbieter vergrößern, da diese wettbewerbsfähig bleiben müssen.
- Die erfolgreichsten Anbieter ihrerseits werden dabei verstärkt strategische und situationsbedingte
Partnerschaften mit anderen Hard- und Softwareanbietern oder Outsourcern eingehen, um "Best-of-
Breed"-Lösungen anzubieten.
- Bis 1998 werden mit 80prozentiger Wahrscheinlichkeit lediglich fünf bis sieben Anbieter in der
Lage sein, das gesamte EDV-Spektrum zum
"outsourcen" anzubieten. Ungeachtet dessen werden eine Vielzahl von anderen Anbietern erfolgreich in Marktnischen agieren.
- Die Profitrate bei Infrastruktur-Outsourcing ist
klein und wird zu einer Konsolidierung der Anbieter in diesem Bereich führen.

Die Entwicklung wird also dahingehen, daß Outsourcing auch im EDV-Bereich ein ganz normales und
übliches Geschäftsgebahren sein wird. Die Zeiten, in
denen entsprechende Verträge noch Aufsehen erregt
haben, sind vorbei. Nur noch von den ganz großen
Vertragsabschlüssen wird in den Medien zu hören
sein.

Ebenso beachtlich ist, daß 75 % der Unternehmen
ihre EDV zumindest teilweise auslagern wer- den.
"System Integration" wird die Formel der nächsten
Jahre sein.

Es scheint sich außerdem zu bestätigen, daß der
einmal eingeschlagene Weg ins Outsourcing kaum
noch in ein Insourcing umgekehrt werden kann. Zur
Zeit ist zwar eine verstärkte Diskussion hierüber im

Insourcing ist fast
unmöglich

Outsourcing mit
"Mega-Anbietern"
sicherer

Gange, insbesondere weil deutsche Unternehmen Teile ihrer Funktionen wieder "insourcen", aber in den allermeisten Fällen geschieht dies im sehr stark von Kostenüberlegungen geprägten Produktionsbereich, nicht aber im EDV-Umfeld.

Aufgrund der zu erwartenden Konzentration auf einige wenige "Mega-Anbieter" sollte jedes Unternehmen, das sich mit Outsourcing-Gedanken trägt, genau überlegen, ob es sich hierbei für Außenseiter oder Nischenanbieter als Servicegeber entscheidet. Insbesondere aufgrund der zeitlichen Länge der Bindung ist zu prüfen, inwieweit das ausgewählte servicegebende Unternehmen auch in zehn Jahren noch die Rolle am Markt spielen wird, die es heute innehat.

Literaturverzeichnis

1. Achinger, Karl-Heinz: Fremdbezug von EDV-Leistungen. Stuttgart 1991
2. Becker, Lutz und Lukas, Andreas: Effizienz im Markt: Marketingprozesse optimieren statt Leistungspotentiale vergeuden. Wiesbaden 1994
3. Becker, Jörg: Leitfaden zur Hardware- und Softwarebeschaffung, München 1992
4. Berg, Jürgen und Gräber, Horst: Outsourcing in der Informationstechnologie - Eine strategische Management-Entscheidung, Frankfurt 1995
5. Bürger, Franz: In der EDV ist der Anteil an der Eigenfertigung zu hoch, in Computerwoche v. 25.09.1992, S. 49-52
6. Cameron, Debra: IBM´s AD/Cycle and Repository. Charleston 1990
7. Corsten, Hans und Hilke, Wolfgang: Dienstleistungsproduktion - Absatzmarketing, Produktivität, Haftungsrisiken, Serviceintenstät, Outsourcing. Wiesbaden 1994
8. Czegel, Barbara: Running an Effective Help Desk - Planning, Implementing, Marketing, Automating, Improving, Outsourcing. New York 1994
9. Dernbach, Wolfgang: Komplexitätsreduzierung: Warum Sie Ihrer EDV eine Abmagerungskur verschreiben sollten, in KOMPETENZ Nr. 13, Mai 1991, S. 30-42
10. Doyle, David: Kosten steuern - Ein strategischer Leitfaden. Wien 1994
11. Eliot, Lance: Information Systems Strategic Planning. Charleston 1991
12. Francett, Barbara: Data Center Management - Planning Report. Charleston 1992
13. Gartner Group: Managing the Revolution. Vortrag von Rita Terdiman anläßlich des Symposiums/ITxpo 95 vom 13.11.-17.11.1995 in Cannes
14. Gartner Group: Rating of Leading Worldwide External Service Providers -Strength of Service Delivery 1996
15. Gäbler Matthias: Outsourcing - Konzeption und aktuelller Anwendungsstand. Hohenheim 1991
16. Geyer, Dietmar und Bauer, Andreas: Lean Marketing. Landsberg/Lech 1993
17. Grobe, Hans-Joachim: Facettenreiches Problem, in Diebold Management Report 1/1991, S. 14-20
18. Hamann, Felix: Outsourcing in der Datenverarbeitung - eine neue Partnerschaft, in Frankfurter Allgemeine Zeitung. Blick durch die Wirtschaft v. 29.07.1992

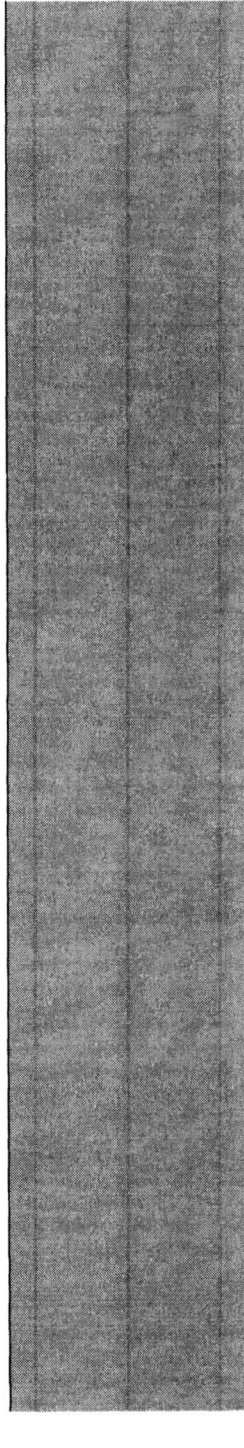

19. Heilmann, Heidi: Organisation in der Informationsverarbei-
    tung. Wiesbaden 1991
20. Heinrich, Wilfried: Kosten versus Nutzen, in Business
    Computing 6/1993, S. 43
21. Heinrich, Wilfried: Outsourcing. Modelle - Strategien - Praxis.
    Bergheim 1992, S. 11-54
22. Heinrich, Wilfried: Von der Vertragsgestaltung hängt der
    Projekterfolg ab, in Computerwoche 39/1992, S. 54-55
23. Heinzl, A. und Stoffel K.: Formen, Motive und Risiken der
    Auslagerung der betrieblichen Datenverarbeitung, in
    EDV-Management 4/1991, S. 161-173
24. Heinzl, Armin: Die Ausgliederung der betrieblichen Datenver-
    arbeitung, Stuttgart 1991, S. 151ff
25. Heinzl, Armin und Weber, Jürgen: Alternative Organisations-
    konzepte der betrieblichen Datenverarbeitung. Stuttgart 1993
26. IDC Deutschland GmbH: Outsourcing und externe Services.
    Sonderauswertung des IT-Surveys 1993
27. Kaltwasser, Andreas: Wissenserwerb für Forschung und
    Entwicklung - Eine Make-or-Buy-Entscheidung. Wiesbaden
    1994
28. Kargl, Herbert: Controlling im EDV-Bereich. München 1993
29. Köhler-Frost, Wilfried: Outsourcing - Eine strategische Allianz
    besonderen Typs. Stuttgart 1993
30. Köhler-Frost, Wilfried: Schach den Dinos - Der Weg in die
    Welt der offenen Systeme. Berlin 1994
31. Kröger, Fritz und Kearny, A. T.: Duale Restrukturierung.
    Stuttgart 1994
32. Lacity, Mary C. und Hirschheim, Rudy: Information Systems
    Outsourcing - Myths, Metaphors and Realities. 1993 Lang
33. Manfred: Outsourcing - Fast wie eine Heirat, in Diebold
    Management Report 8/9, 199234.
34. Minoli, Daniel: Analyzing Outsourcing - Reengineering
    Information an Communication Systems. New York 1995
35. Müthlein, Thomas und Heck, Jürgen: Outsourcing und
    Datenschutz - Vertragsgestaltung aus datenschutzrechtlicher
    Sicht. Köln 1995
36. Nilsson, Ragnar: EDV-Outsourcing-Strategie als Bestandteil
    der Informationswirtschaft, in EDV-Management 4/1991, S.
    179-186
37. Picot, A. und Maier M.: Analyse- und Gestaltungskonzept für
    das Outsourcing, in IM Informations-Management 4/1992,
    S. 14-27
38. Quinn, James: Intelligent Enterprise - A Knowledge and
    Service Based Paradigm for Industry. New York 1992
39. Rohr S. und Streicher H.: Freiberufler in der Datenverarbei-
    tung. München 1993
40. Schwichtenberg, Günter: Organisation un Betrieb von Informa-
    tionssystemen. Berlin 1991
41. Siewart, Hans: Gezielt Kosten senken - Konzepte, Verfahren,
    Mittel. Zürich 1995
42. Sohn, Karl-Heinz: Lean Management - Die Antwort der
    Unternehmer auf gesellschaftliche Herausforderungen.
    Düsseldorf 1993

43. Solbach, Frank: Outsourcing bedeutet nicht die Demontage
    der EDV-Anlage, in Computerwoche v. 05.07.1991, S. 17-18
44. Skirl, Stefan und Schwalb, Ulrich: Das Ende der Hierarchien -
    Wie Sie schnell-lebige Organisationen erfolgreich managen.
    Wiesbaden 1994
45. Sokianos, Nicolas: Produktion im Wandel - Weichenstellung
    für das Management der Zukunft. Wiesbaden 1995
46. Steinbuch, Pitter A.: Softwareorganisation.
    Bad Homburg 1981
47. Steinbuch, Pitter A.: Organisation. Ludwigshafen 1979
48. Streicher, Heinz: Outsourcing - Arbeitsteilung in der Datenver-
    arbeitung. München 1993
49. Streicher, Heinz: Skepsis des EDV-Chefs bei Outsourcing, in
    online 2/1993, S. 43-46
50. Szyperski, Norbert: Outsourcing als strategische Entschei-
    dung, in online 2/1993, S. 32-41
51. West, Keith: Inside IBM: Technologies and Strategies for
    1990s. Charleston 1992

Sachverzeichnis

A.-W. Scheer, H. Trumpold (Hrsg.)

Qualitätsinformationssysteme

Modell und technische Implementierung

1996. XVIII, 277 S. 120 Abb. (Qualitätsmanagement)
Geb. DM 78,-; öS 569,40; sFr 69,- ISBN 3-540-60524-X

Das Buch beschreibt eine Methodik zur Modellierung von Qualitätsinformationssystemen (QIS) sowie Aspekte ihrer technischen Implementierung. Von besonderem Interesse ist ein objektorientiertes Referenzmodell, das als Ausgangspunkt zur Abbildung aller betrieblichen QIS genutzt werden kann. Schwerpunkte des Buches bilden die Handhabung und die Möglichkeiten des Modells sowie die Anforderungen an technische Systeme zur Realisierung von Informationssystemen. Neben dem Informationstransport werden die Informationsspeicherung und die Schnittstelle zum Menschen diskutiert. Die einzelnen Teile des Buches sind in sich abgeschlossen. Sie ermöglichen so den Zugang von seiten der Modellierung und der technischen Realisierung aus der Sicht des Praktikers.

Springer

Preisänderungen vorbehalten

Springer-Verlag, Postfach 31 13 40, D-10643 Berlin, Fax 0 30 / 8 27 87 - 3 01 / 4 48, e-mail: orders@springer.de   BA96.08.30